CARLO URBANI

Lucia Bellaspiga

CARLO URBANI

Il primo medico contro la SARS

Presentazione di Kofi A. Annan

Prefazione di Nicoletta Dentico

ANCORA

Si ringrazia la famiglia Urbani per aver concesso
l'utilizzo delle fotografie che accompagnano questo volume.

ÀNCORA EDITRICE
Via G.B. Niccolini, 8 - 20154 Milano
Tel. 02.345608.1 - Fax 02.345608.66
E-mail: editrice@ancoralibri.it
http://www.ancoralibri.it

N.A. 4378

ÀNCORA ARTI GRAFICHE
Via B. Crespi, 30 - 20159 Milano
Tel. 02.6085221 - Fax 02.6080017
E-mail: arti.grafiche@ancoralibri.it

ISBN 88-514-0175-6

A Carmen e Leonardo,
i miei genitori

Quello che in anni costruisci,
qualcuno può distruggerlo
nottetempo.
Costruisci comunque.

Da una poesia appesa alla parete
nell'orfanotrofio di Madre Teresa,
Calcutta

UNITED NATIONS NATIONS UNIES

THE SECRETARY-GENERAL

FOREWORD TO BOOK ON DR. CARLO URBANI
October 2003

Dr. Carlo Urbani dedicated his life to helping protect and save the lives of others. It was characteristic of his vigilance, professionalism and expertise that he was instrumental in ensuring an early response by the international community to Severe Acute Respiratory Syndrome. Had it not been for his recognition that the outbreak of the virus was something out of the ordinary, many more would have fallen victim to SARS. It was the cruellest of ironies that he lost his own life to SARS while seeking to safeguard others from the disease.

Dr. Urbani leaves an inspiring legacy in the United Nations family and the global public health community. For his contribution on the front lines of the fight against disease, he will be remembered as a hero – in the best and truest sense of the word*.

KOFI A. ANNAN

* Il dottor Carlo Urbani ha dedicato la sua vita a proteggere e salvare la vita degli altri. È stato determinante nel garantire un'immediata reazione da parte della comunità internazionale alla Sindrome Respiratoria Acuta Severa, e questo era caratteristico della sua natura di professionista competente e sempre vigile. Se non avesse intuìto che l'insorgere di quel virus era qualcosa di fuori dall'ordinario, molte più persone sarebbero cadute vittime della Sars. È la più crudele delle ironie che egli abbia perso la sua stessa vita ucciso dalla Sars, mentre cercava di preservare il prossimo dalla malattia. Il dottor Urbani lascia un esempio illuminante nella famiglia delle Nazioni Unite e nella comunità sanitaria di tutto il mondo. Per il suo contributo in prima linea nella lotta contro il virus lo ricorderemo come un eroe, nel senso più elevato e più vero del termine.

Prefazione

«Il valore della vita non sta nella lunghezza dei giorni, ma nell'uso che ne facciamo. Uno può aver vissuto a lungo, e tuttavia pochissimo». Lapidarie, queste parole di Montaigne mi hanno offerto nei mesi trascorsi una consuetudine di riflessione essenziale ad elaborare il privilegio straordinario della vita spezzata di Carlo Urbani, il mistero di una cesura tanto dolorosa, ma che può e deve essere rimarginata nel segno di una struggente, dinamica e motivante nostalgia. Ci si può stare, nel mondo, senza essere veramente. Esistere, e non provare alcun gusto: non è in fondo questa mancanza di vita autentica, a fronte dell'allungarsi del tempo cronologico dell'esistenza, la grande malinconia e il vuoto parossistico della nostra società dell'opulenza che cerca scampo nel possesso e nel consumo?

Il dono immenso ricevuto da Carlo Urbani, generosamente fatto fruttare e ridistribuito a quanti sono stati compagni di viaggio nelle diverse fasi della sua vita, è stata la disponibilità di accettare fin da subito, fino in fondo, la sfida e la fatica di riempire ogni minuto della propria storia con sessanta secondi di azioni compiute. Questa opzione travolgente ha fatto di lui un uomo. Della sua morte, un'esperienza decisamente datrice di vita.

Ricorrono minuziose, nel racconto e nelle lettere accluse a questo libro – che dipinge la vicenda di Carlo con pennellate cariche di colore, ma anche con i tocchi lievi delle sfumature – le scansioni temporali. L'impaziente consapevolezza delle giornate che «scivolano via strapiene», per un medico come lui, è anche angosciato senso del limite di fronte alla grandezza del compito di giustizia che incombe come una necessità individuale sull'umanità tutta. Stride con frequenza la costrizione temporale di fronte alla laica passione civile che Carlo nutriva per l'individuo ferito e diminuito, al di là della razza, della cultura, della religione. Sapeva contare i giorni, sapeva ancor di più contare le ore ed i minuti. E dilatare fino all'ultimo l'orizzonte di ogni giorno era il tentativo di superare le barriere e incarnare la necessità di una continuità di impegno come stile di vita, sia che si trattasse dei pochi minuti privati per comunicare con intensa scrittura ad amici e familiari o dei momenti dedicati alla famiglia, sia che avvenisse negli incontri speciali con la sapienza profonda di cuori lontani, o, infine, nel carteggio ossessivo delle ultime settimane di battaglia contro il nuovo micidiale virus intuito in solitudine.

Non possiamo non pensare ad un'altra cocente solitudine, quella della volontaria italiana Annalena Tonelli, uccisa il 5 ottobre 2003 in Somalia, dove da trenta anni viveva per «gridare il Vangelo con la vita». Una storia del tutto diversa, una scelta di vita non del tutto sovrapponibile. Eppure la morte di Annalena, insieme a quella di Carlo, segnano davvero in provocatoria controtendenza l'*annus horribilis* della convivenza tra gli uomini, quel 2003 che ha sigillato l'equivoco del ricorso alla guerra come strumento ordinario della politica mondiale e come metodologia di risoluzione delle controversie internazionali, nel segno di un diritto della forza che soppianta cinicamente la forza del diritto.

Il «servire gli ammalati sulle ginocchia» di Annalena ben corrisponde all'impellente necessità per il medico Carlo del contatto diretto con il paziente, per lui osservatorio impagabile di prossimità alla sofferenza del mondo, irrinunciabile viatico ad una comprensione esigente delle piccole eloquenti storie dell'umanità. In queste testimonianze non urlate, ma universali, troviamo l'ispirazione più convincente e la lezione più autorevole ad affrontare le vecchie e nuove sfide della nostra organizzazione, frequentatrice assidua dei luoghi di disuguaglianza e di conflitto del pianeta: chinarsi con umiltà e spirito di condivisione perché un altro, cingendoci al collo, possa rialzarsi. Un'intimità che spinge inevitabilmente oltre la mera azione umanitaria.

NICOLETTA DENTICO
Medici senza frontiere

Premessa

Un medico sconosciuto

Per descrivere la vita di un uomo non si comincia mai dalla sua morte. Ma la storia di Carlo Urbani non può che essere raccontata a ritroso: a partire cioè da quel 29 marzo 2003, giorno in cui le agenzie di stampa di tutto il mondo hanno diffuso la notizia della sua scomparsa e noi, nell'apprendere che era morto, abbiamo saputo che era vissuto.

Venivamo a sapere che Carlo Urbani era un infettivologo dalla fulgida carriera, uno dei più esperti al mondo, e che era l'uomo che aveva «scoperto» la Sars. Non solo: leggevamo che proprio lui era il primo italiano morto di quella malattia. Una sorta di contrappasso che lasciava ammutoliti: era stato ucciso dal misterioso virus in un remoto ospedale dell'estremo oriente proprio lui che per primo aveva individuato la «polmonite killer», il morbo che in quei giorni terrorizzava il mondo, chiudeva le frontiere, mutava il modo di vivere di interi continenti, addirittura rubava le prime pagine alla guerra contro l'Iraq.

Scoprivamo poi con stupore che per molti anni quel medico italiano aveva lasciato tracce di sé in buona parte del mondo, non a parole o in termini di fama, ma a fatti: raggiungendo gli ultimi della terra, i più poveri e dimenticati, quelli straziati dalla fame e dal morbo, portando loro sollievo, medicinali e soprattutto il diritto alla salute.

Ma poi venivamo a sapere – e il fatto ha colpito ancor più la fantasia di chi a titoli e medaglie dà un peso – che lo stesso medico italiano nel 1999 aveva ritirato il Premio Nobel per la pace come presidente nazionale di Medici senza frontiere. «Ma come, e noi non ne sapevamo niente?», ci si chiedeva un po' tutti. E a quel punto la figura dell'uomo sfuggiva davvero a ogni tentativo di classificazione, mandando in confusione mass media e biografi improvvisati: un santo? un eroe? un missionario? uno scienziato geniale? un samaritano pronto a donare la sua vita per salvare quella degli altri? Si è scritto e detto di tutto.

Quando si spense nell'ospedale thailandese di Bangkok dopo un'autodiagnosi che fin dal primo momento gli aveva tolto ogni speranza, Carlo Urbani era ormai ai vertici dell'Oms, l'Organizzazione mondiale della sanità, come responsabile per il Sud-Est asiatico. Ancora qualche anno in Vietnam e il trasferimento a Ginevra, alla testa dell'Oms, sarebbe stato «l'apice della carriera», detto con parole nostre, «il sogno di distribuire accesso alla salute ai segmenti più sfavoriti delle popolazioni», detto con le parole dello stesso Urbani.

Tutto questo lo abbiamo letto e ascoltato da quel sabato 29 marzo di un anno fa. Quel giorno noi giornalisti ci siamo chiesti come un «personaggio» simile ci fosse sfuggito fino ad allora. E noi italiani ci siamo tutti stupiti che in mezzo a noi, in un paesino delle Marche, fosse nato e cresciuto un uomo di tali qualità. Ma è nel mondo intero che il nome di Carlo Urbani è improvvisamente diventato sinonimo di eroe. A dispetto del silenzio e della sobrietà in cui aveva sempre vissuto e operato.

La moglie, la madre, i colleghi più prossimi rifiutano la definizione di eroe, giornalisticamente avvincente ma poco realistica. Se ci pensiamo bene l'eroe non ha meriti: fare scelte coraggiose non gli costa nulla. Carlo Urbani era prima di tutto un Uomo, poi un Medico che faceva fino in fondo il suo lavoro. Per questo la sua scelta di visitare quel primo malato di «una strana forma di polmonite» in Vietnam è stato un atto di sublime abnegazione. Per questo quando ha capito di aver contratto anche lui la «polmonite killer» ha avuto paura, tanta paura. Per questo ha vissuto con angoscia e disperazione la separazione dai suoi tre bambini e dalla moglie. Per tutto questo il suo sacrificio è immenso.

Ecco perché questo libro inizia dalla morte del suo protagonista, l'evento che l'ha reso celebre. Ma è il «prima», la sua vita di medico, quel lungo *flashback* costellato di scelte coerenti e coraggiose, a meritare di essere raccontato.

Tale è lo scopo di una biografia che non vuole essere esaustiva, come si farebbe con un celebre personaggio consegnato alla storia, ma l'incontro con un uomo che ci viene raccontato dalle testimonianze di chi più l'ha conosciuto e amato.

LUCIA BELLASPIGA

Ringraziamenti

Il mio grazie a don Mariano Piccotti, parroco di Castelplanio, la prima persona che mi ha «raccontato» Carlo Urbani e fin dall'inizio ha creduto nella piccola impresa che è questo libro. E a suor Anna Maria Vissani, che mi ha donato la sua amicizia con Carlo lasciando in me la sensazione concreta di averlo conosciuto. «Dopo averlo incontrato non sarai più esattamente la stessa», mi aveva promesso, e aveva ragione. Un grazie a tutti gli amici di Urbani, dai colleghi di lavoro intervistati ai Medici senza frontiere, appassionati e disponibili. Generosa in particolare è stata la collaborazione di Nicoletta Dentico. Così come la commossa partecipazione di Enzo Falcone, medico in Vietnam: tanto coinvolto nel progetto da farlo suo. A Paolo Moiola e alla redazione di «Missioni Consolata» devo molti degli articoli scientifici di Urbani citati nel libro, mentre al sindaco di Castelplanio, Fabio Badiali, e ad altri amici marchigiani il racconto dei primi anni. Fondamentale è stato l'apporto di Vera Gonçalves e Gian Paolo Pola nella traduzione di alcuni testi. Anna Cataldi, invece, è stata la mia guida nel labirinto newyorkese dell'Onu: devo a lei se alla fine sono riuscita ad entrare in contatto con il segretario generale Kofi Annan. Un ringraziamento particolare va all'Aicu, l'Associazione Italiana Carlo Urbani. Ho lasciato per ultime Giuliana Chiorrini e Maria Scaglione, la moglie e la mamma di Urbani, che mi hanno sostenuta dal primo all'ultimo giorno nella mia raccolta di materiali e testimonianze: nonostante in quei giorni subissero l'assalto di giornalisti italiani e stranieri, mi hanno aperto le porte di casa e affidato anche le pieghe più intime di Carlo, senza riserve. Di più: mi hanno fatto sentire una di loro, parte della famiglia. A loro il mio grazie più affettuoso.

Cronologia della vita di Carlo Urbani

1956: il 19 ottobre a Castelplanio, in Vallesina (Ancona), nasce Carlo Urbani. Il padre Alberto, marchigiano, è capitano di lungo corso e docente all'Istituto Nautico di Ancona; la madre, Maria Scaglione, di Catania, è arrivata sei anni prima come insegnante di matematica alla scuola media del paese. Nel 1959 e nel 1960 nasceranno Paolo e Cristiana, i due fratelli.

Anni '70: durante gli studi al liceo scientifico «Leonardo da Vinci» di Jesi organizza varie attività di volontariato in Vallesina, coinvolgendo la gioventù del luogo. Costante la sua presenza nel consiglio pastorale e in parrocchia, dove suona l'organo. Intanto raccoglie farmaci per Mani Tese.

1981: si laurea in medicina all'università di Ancona. Successivamente si specializza in malattie infettive e tropicali all'università di Messina.

1980-1985: è consigliere comunale a Castelplanio per la Democrazia Cristiana. Intanto ricopre incarichi di didattica e ricerca all'università di Ancona nell'istituto di Malattie infettive. L'8 ottobre 1983 si sposa con Giuliana Chiorrini.

1986-1989: è medico di base a Castelplanio. Sono gli anni in cui inizia a organizzare viaggi, soprattutto in Africa, portando con sé i colleghi marchigiani: un «turismo solidale» alla ricerca dei popoli che non hanno accesso ai farmaci e non vedono tutelato il diritto alla salute. Sono esperienze che lo segnano: in quei Paesi si muore a milioni per malattie curabilissime, come la diarrea. Il 4 aprile 1987 nasce il primo figlio, Tommaso. Il 3 agosto 1989 il padre Alberto, colpito da infarto, si spegne tra le sue braccia mentre tenta di rianimarlo.

1990-2000: assume il posto di aiuto nel reparto Malattie infettive all'ospedale di Macerata, dove segue soprattutto i malati di Aids. Intanto tiene corsi di parassitologia tropicale in varie università, all'Istituto superiore di sanità e in centri ospedalieri.

1993: diventa consulente dell'Organizzazione mondiale della sanità (Oms) per il controllo delle malattie parassitarie e con tale incarico esegue numerose missioni in Africa.

1995: il 29 maggio nasce Luca, il secondogenito.

1996-1997: Urbani è coordinatore di un progetto di Medici senza frontiere (Msf) per il controllo delle malattie parassitarie in Cambogia. Preso un anno di aspettativa all'ospedale di Macerata, si trasferisce a Phnom Penh con la moglie e i due figli.

1998: mentre prosegue nella mansione di aiuto all'ospedale di Macerata, mantiene intensa la collaborazione con Msf e Oms, di cui diventa consulente per il Pacifico occidentale, effettuando missioni in Vietnam, Cambogia e Filippine.

1999: è presidente di Msf Italia e fa parte della delegazione che a Oslo riceve il Premio Nobel per la pace.

2000: rifiutato il ruolo di primario all'ospedale di Macerata, accetta la nomina di esperto dell'Oms per la regione del Pacifico Occidentale e in aprile lascia l'Italia per trasferirsi ad Hanoi (Vietnam). Con tale ruolo assiste i Paesi della regione nel controllo delle malattie parassitarie, effettuando continue missioni in Cina,

Laos, Cambogia e Filippine. Intanto a Castelplanio il 3 maggio nasce Maddalena, la terza figlia, e poco dopo l'intera famiglia lo raggiunge definitivamente in Vietnam. Sono anni in cui Urbani scrive pubblicazioni di carattere scientifico e partecipa a convegni in tutto il mondo.

2002: a dicembre torna in Italia con la famiglia per il Natale. È l'ultima volta che saluta la madre, i fratelli e gli amici.

28 febbraio 2003: visita all'ospedale francese di Hanoi un paziente che nessuno sa curare e che sta infettando il personale medico. Il caso attira la sua attenzione: è Urbani il primo a capire immediatamente che si tratta di una nuova malattia e ad allertare il mondo attraverso l'Oms.

29 marzo 2003: Carlo Urbani muore all'età di 47 anni. È l'unica vittima italiana della Sars. In poche ore la notizia rimbalza in ogni angolo della terra e su Internet appaiono migliaia di messaggi di cordoglio e ammirazione.

Parte prima

L'UOMO

È così che mi sento in questo periodo: profondamente felice.
L'unica angoscia è che tutto scorra troppo in fretta, e che poco mi resti tra le dita, immerse nella corrente della vita che mi scivola addosso.
Mi chiedo cosa restituire, in cambio di quanto ricevo. Impegno sul lavoro, qualche sorriso regalato, una carezza quando capita, ma soprattutto un profondo senso di gratitudine.
Ma non sono certo che basti.

Carlo Urbani

L'antefatto:
mister Chen, un incontro fatale

Quando, il 28 febbraio 2003, l'ospedale francese di Hanoi, in Vietnam, contatta gli uffici dell'Organizzazione mondiale della sanità per il caso di mister Chen, un paziente che presenta i sintomi di «una strana influenza», Carlo Urbani è un uomo in piena salute, giovane, felice e realizzato.

«Abbiamo un malato strano»

Da tre anni vive in Vietnam con la moglie Giuliana e i loro tre figli, inviato dall'Oms come coordinatore per l'intera regione del Pacifico occidentale nel controllo delle malattie parassitarie. Non ha nulla a che vedere, dunque, con il tipo di patologia che ha colpito mister Chen. Nulla a che vedere neppure con quell'ospedale francese, che per di più è privato. Non esiste alcun motivo per cui debba essere lui ad occuparsi del paziente.

«Ma quando un caso un po' preoccupante arrivava ad Hanoi – testimonia il dottor Kevin Palmer, specialista regionale dell'Organizzazione mondiale della sanità e amico di Urbani – lo staff dell'Oms solitamente diceva "chiamiamo Carlo", perché lui era anche conosciuto come un esperto di diagnostica clinica. E perché a qualsiasi ora del giorno e della notte non si tirava mai indietro di fronte alla malattia e alla sofferenza di qualunque essere umano». Così anche il 28 febbraio non esita a recarsi al capezzale di mister Johnny Chen, uomo d'affari americano proveniente da Hong Kong, che da due giorni è ricoverato con febbre alta, tosse secca e difficoltà respiratorie.

Solo in seguito il mondo intero imparerà a conoscere il virus che ha colpito mister Chen e in pochi giorni la «strana influenza» avrà un nome che rimbalzerà ovunque sul pianeta: Sars, sindrome acuta respiratoria severa.

«Ho un ospedale pieno di gente che corre e urla»

Torniamo al 28 febbraio. Quel giorno Urbani, che per l'Oms non doveva curare malati ma intrattenere rapporti con i governi locali e gestire le relazioni «politiche» con le autorità sanitarie, non ci pensa un istante: sveste i panni del diplomatico e riveste il camice bianco. Lo fa spesso: nel suo Dna è impressa la missione del medico e il richiamo di chi soffre è prioritario. «Il nostro posto è vicino alle vittime – ripeteva sempre –, al capezzale dei morenti, non dietro una scrivania».

«È possibile studiare una malattia epidemica con un computer – spiega il dottor William Claus, coordinatore del gruppo di emergenza dell'Oms per l'Asia – oppure andare dai pazienti e vedere di persona come stanno: Carlo era della seconda categoria». Urbani – è il racconto dei colleghi che lo hanno visto giorno e notte darsi da fare attorno al paziente – sceglie di lavorare in quell'ospedale fianco a fianco con medici e infermieri locali. Documenta nuove osservazioni, prepara campioni da analizzare, lavora senza sosta per intensificare i controlli in modo da arginare l'infezione, che non si diffonda.

Dal primo momento, infatti, capisce che quella forma atipica di polmonite costituisce una seria minaccia per la salute del mondo intero. Non solo: quando prende in mano la situazione, molti tra i medici e gli infermieri presentano gli stessi sintomi e comprendere la natura del virus diventa ormai una corsa contro il tempo. In quell'ospedale sono già decine le persone infettate, e fra queste più della metà degli operatori sanitari che si sono presi cura del paziente pensando di trattare con un uomo affetto da semplice polmonite, quindi senza particolari precauzioni. È ancora il dottor Palmer a ricordare le drammatiche parole con cui Urbani descrive all'Oms ciò che ha trovato in quelle corsie: «Ho un ospedale pieno di infermiere che piangono. La gente corre e urla ed è totalmente terrorizzata. Non sappiamo che cosa sia ma non è influenza…».

Una lotta contro il tempo

Urbani non perde un solo giorno: prima di tutto impone procedure contro il contagio, come maschere altamente filtranti e doppie vesti, che non sono certo di routine nel povero Vietnam. Allerta l'Oms, poi il 9 marzo chiede e ottiene un incontro urgente con il viceministro vietnamita della Sanità. I casi sono due: o riuscirà al più presto a convincere il governo di Hanoi della necessità di sottoporre immediatamente il Paese a severissime misure di prevenzione, o invece il suo appello non verrà preso sul serio. Nel primo caso il contagio potrà essere fermato prima che mieta migliaia di vittime, nel secondo sarà una strage.

Seguono giorni di lunghe discussioni: l'infettivologo dell'Oms «sa» di avere ragione, per giorni e notti discute, porta prove, scongiura i «potenti», nel privato delle mura domestiche arriva a piangere per il senso di impotenza che gli dà il non essere subito creduto. La necessità di isolare immediatamente i pazienti e di monitorare tutti i viaggiatori va a scontrarsi contro gli interessi economici e di immagine del Paese. Ma alla fine ce la fa, il prestigio di cui gode presso il governo vietnamita ha la meglio sullo scetticismo. «Ha avuto un enorme coraggio – nota Kevin Palmer –: era uno straniero che diceva ai vietnamiti qualcosa di molto drammatico. Ma lui aveva una grande dote comunicativa, sapeva persuadere le persone, e presso il governo aveva acquistato molta credibilità». Così per l'ospedale di Hanoi e per tutti coloro che lo hanno frequentato viene decisa la quarantena. Anche per gli altri ospedali della città sono approvate forti misure preventive.

Il 15 marzo l'Oms diffonde l'allarme sanitario in tutto il mondo e lancia un appello internazionale cui per primi rispondono gli esperti dei Centri per il controllo delle malattie (Cdc) di Atlanta e

Medici senza frontiere (di cui Urbani era stato presidente nel 1999, subito prima di partire per il Vietnam).

Intanto nella casa di Hanoi le sue ansie sono condivise dalla moglie Giuliana che, pur restandogli al fianco, teme il nuovo invisibile nemico, il virus senza nome di cui ormai parla tutto il mondo e che sta terrorizzando parecchie nazioni. Ma Urbani non ha scelto un mestiere qualunque, è parassitologo, esperto in malattie tropicali, ha già visto molti inferni, ha già speso buona parte della sua vita in Africa e in Asia, tra i malati di Aids e i bambini morenti per le peggiori infezioni: sa perfettamente quali precauzioni vanno prese, e comunque questo è il suo lavoro, che medico sarebbe se di fronte alla malattia si tirasse indietro? «Non dobbiamo essere egoisti, io devo pensare agli altri e tu lo sai. Se non posso lavorare in situazioni come questa, per quali ragioni sono qui?», risponde a Giuliana che cerca di fermarlo e gli ricorda che è padre di tre figli.

«Ho il virus, non vi avvicinate»

È l'11 marzo, sono passati appena due giorni e Carlo è in volo verso Bangkok, in Thailandia, dove deve tenere una conferenza. Mentre è seduto in aereo inizia ad accusare qualche disturbo, è come se gli mancasse il respiro. Si sente debole, fiacco, forse ha la febbre, e una lieve tosse gli scuote il petto. Chiunque altro non si preoccuperebbe più di tanto, penserebbe a un'influenza... Ma Urbani paga lo scotto di essere un medico, anzi, *il* medico che ha individuato il virus, colui che in quel momento lo conosce meglio di ogni altro essere umano. Non si può ingannare: immediatamente si rende conto di essere una nuova vittima di quella atipica polmonite. Subito chiama la dottoressa Pascale Brudon, direttrice dell'Oms ad Hanoi: «Era esausto, io ero sicura si trattasse del troppo stress di quei giorni di fuoco – racconta l'esperta – ma poi ho avuto un secondo pensiero, inevitabile. Ho telefonato ai colleghi di Bangkok e li ho avvisati: Carlo non si sente bene, dovremmo stare attenti...».

Forse non c'è nulla al mondo di più paradossale e doloroso di un'autodiagnosi. Per il medico che visita se stesso la bugia pietosa non esiste, non ci saranno le solite parole di speranza cui aggrapparsi perché il quadro gli è drammaticamente chiaro: al suo arrivo a Bangkok Carlo intima ai colleghi dei Cdc che sono venuti a prenderlo di non avvicinarsi. Poi fa chiamare un'ambulanza e rimane ad aspettarla in silenzio, seduto nell'angolo più appartato, solo come mai prima di allora.

Il dottor Scott Dowell, un ricercatore del Centro federale per il controllo e la prevenzione delle malattie che ha sede in Thailandia, è uno di loro. Nel suo ricordo tutta la disperazione del medico: «Carlo era scuro in volto. Ci siamo seduti e abbiamo atteso l'ambulanza che arrivò dopo novanta lunghi minuti. I suoi operatori, impauriti, si erano fermati per approntare dispositivi di protezione».

«Ho paura»

Per i diciotto giorni successivi, ricoverato in isolamento nell'ospedale di Bangkok, Carlo combatte contro la Sars la sua guerra personale. Per la prima settimana la febbre pare diminuire un poco, anche il respiro si fa meno affannoso. Ma chi non si illude è lui: conosce troppo bene i sintomi e finora di questa polmonite atipica ha visto solo morire, mai guarire. «Ho parlato con lui due volte – ricorda Kevin Palmer –. Tutte e due le volte Carlo mi ha detto: ho paura!».

Prima di soccombere tra sofferenze indicibili ha la forza di far ripartire per l'Italia i suoi tre bambini. Non li rivedrà mai più. E di collaborare con i medici giunti da Germania e Australia per curarlo: consiglia terapie, prova a tentoni tra i medicinali noti, alla ricerca di quello giusto, infine disarma. Ma non prima di aver pensato agli altri: «In un momento di coscienza – raccontano i colleghi e l'Ambasciata italiana di Bangkok conferma – si è raccomandato che il suo tessuto polmonare fosse salvato per essere studiato».

Nessuno saprà mai quali pensieri gli hanno attraversato la mente in quei diciotto giorni di passione. Solo lontanamente possiamo immaginare lo strazio di dover lasciare Tommaso, Luca e Maddalena – sedici, sette e tre anni – senza nemmeno riabbracciarli. Quello che è certo è che intanto in Italia, nel paesino marchigiano di Castelplanio, tra le dolci colline di Jesi, per i parenti e gli amici di Carlo la vita proseguiva tranquilla. Nessuno o quasi sapeva del dramma che si stava consumando dall'altra parte del mondo. Nella casa dell'anziana madre era ancora recente il ricordo dell'ultima visita di Carlo, appena tre mesi prima, per Natale, così come nelle case degli amici e dei colleghi, negli uffici di Medici senza frontiere e in tutti i luoghi in cui Carlo fin da ragazzo aveva fatto volontariato e tornava volentieri ogni volta che rientrava in Italia.

Giuliana, la moglie, condivideva lo strazio in quel lontanissimo Paese d'oriente.

Il Vietnam è salvo

Il 28 febbraio, dunque, il ricovero di mister Chen. Un mese dopo, il 29 marzo, la morte di Carlo Urbani. Ancora un mese e il 28 aprile – mentre il virus sta ancora mietendo vittime soprattutto in Oriente e tiene in allarme i governi di tutto il mondo – il Vietnam esulterà: il contagio non esiste più, il Paese, primo al mondo, ha annientato l'epidemia. Una vittoria che diventa festa nazionale.

Proprio la nazione più a rischio, potremmo dire la nazione-cavia, quella che per prima ha dovuto far fronte al misterioso virus killer, ne è uscita brillantemente: a tutt'oggi il bilancio finale parla di sessantatré persone contagiate in tutto il Vietnam, di cui solo cinque morte. E non è un caso: la fortuna ha voluto che nel luogo giusto, al momento giusto ci fosse un medico come Carlo Urbani. Grazie a lui il virus non è «fuggito» dalle mura del nosocomio di Hanoi, non ha fatto strage come invece è successo in Cina, ad Hong Kong, a Taiwan o in Canada: i dipendenti e i pazienti dell'ospedale in cui era stato ricoverato mister Chen, messi immediatamente in quarantena, non hanno infettato a loro volta il resto della popolazione e loro stessi si sono quasi tutti salvati. Purtroppo non quelle cinque vittime: due medici e tre infermieri dell'ospedale. Anche loro come Urbani caduti in missione.

La Sars è stata la prima malattia dell'era della globalizzazione. Harlem Brundtland, all'epoca direttore generale dell'Organizzazione mondiale della sanità, non ha esitato a ribadire che è solo "grazie ad Urbani, alla sua pronta diagnosi, se è scattata la vigilanza globale sul virus Sars ed è quindi stato possibile identificare e isolare molti casi prima che potessero contagiare il resto delle popolazioni". Successivamente gli ufficiali medici di tutto il mondo riconosceranno che, se non fosse stato per l'intuizione del medico italiano, la Sars avrebbe infettato più lontano e più velocemente: non sapremo mai quante vite ha salvato con la sua.

La morte

«Ho sempre detto alla stampa di non aver mai potuto incontrare mio marito in quei diciotto giorni di agonia all'ospedale di Bangkok, di averlo solo visto una volta attraverso un vetro senza potergli parlare, senza una carezza. Altrimenti avrei gettato nel panico la gente del paese, i familiari, tutti. Ora lo voglio dire: non era vero! Più volte sono stata dentro con lui, in rianimazione, con maschera e tripli guanti addosso. Cosa ci dicevamo? Quasi nulla, ci guardavamo e basta nei pochi momenti in cui era cosciente: soffriva moltissimo, non aveva la forza di parlare molto. Inoltre Carlo mi ha protetta fino all'ultimo: non mi ha mai nominato la morte, mi lasciava sperare. Solo verso la fine mi ha detto che la cosa era seria, che lui era grave... Ho capito dopo che mi stava dando il suo addio».

Il racconto di Giuliana

Ho incontrato la prima volta Giuliana Urbani a Castelplanio meno di tre mesi dopo la morte del marito. Era tornata a vivere nel paesino da cui era partita la favola bella della sua vita al fianco di Carlo: al piano di sopra lei e i suoi tre figli, di sotto la mamma di Carlo. Due donne e le loro scatole di ricordi: la prima ancora impegnata ad aprire pacchi e bauli che gli amici le inviavano dal Vietnam con tutte le cose di famiglia, la seconda impegnata a rivangare un passato che da decenni era stato chiuso in soffitta: le foto del battesimo, i primi temi scolastici, tutte le pagelle di Carlo dalla prima elementare. Nessuna lacrima, nessuna retorica. «Questa è la casa in cui è nato e cresciuto, per ora stiamo qui, poi, quando avremo rimesso ordine nella nostra vita, torneremo a casa nostra, quella che abbiamo lasciato tre anni fa per l'avventura del Vietnam», sorride un po' spaesata Giuliana.

L'avventura del Vietnam, il sogno che diventava realtà, nei loro piani. «Doveva essere il nostro viaggio senza ritorno: così lo chiamavamo, perché era il primo vero trasferimento dopo alcune puntate all'estero», ricorda senza mai abbandonare il suo sorriso da bambina. Ha solo 39 anni ma sulle spalle una mole di esperienze che riempirebbe dieci vite comuni. Parla con semplicità e si capisce che racconta una storia più grande di lei. E oggi hanno un suono amaro quelle parole: «Doveva essere il nostro viaggio senza ritorno».

Lei invece ci è tornata a Castelplanio, e prima di lei, da soli, imbarcati in fretta e furia su un aereo per l'Italia, i suoi tre figli. Tommaso, sedici anni, è il nuovo capofamiglia, cresciuto molto in fretta, prima per merito degli insegnamenti di un padre appassionato e attento che sui figli puntava tutto, poi per colpa della sua improvvisa scomparsa. Con lui viaggiavano Luca, sette anni, e Maddalena, tre. Era il 19 marzo, festa di san Giuseppe, quando sono partiti senza rivedere il padre. «Non portavano con sé il virus, ormai avevano superato il periodo di incubazione visto che Carlo mancava da casa da più di una settimana. E d'altra parte mio marito era stato con noi l'ultima volta quando ancora non aveva alcun sintomo, dunque in un periodo in cui non era contagioso». Eppure a Castelplanio nessuno o quasi seppe come mai quei tre bambini erano arrivati da soli, in quel modo, con tanta fretta. La nonna paterna se li trovò davanti e credette a quello che le dissero: «In Vietnam è già vacanza, le scuole sono chiuse». Non sapeva che a suo figlio restavano dieci giorni di vita.

«Non torno a casa, ho un po' di febbre»

«Ricordo ancora quella sera dell'11 marzo», racconta Giuliana, che accanto a Tommaso, il figlio maggiore, appare più una sorella che una madre. «Nonostante fosse stanchissimo e da giorni avesse lavorato senza sosta per quel caso di polmonite all'ospedale francese di Hanoi, era partito per la Thailandia per tenere una conferenza sui mortali parassiti intestinali che colpiscono i ragazzi nelle scuole. La sera mi chiamò da Bangkok: "Mi spiace, non torno, ho un po' di febbre ma tu non ti preoccupare". Ho avuto il pensiero più terribile, ma l'ho scartato immediatamente. Fino alla fine a me non ha mai rivelato di avere contratto il virus. Lo ha rivelato invece a Tommaso per telefono, dicendogli chiaro "figlio mio, sono contagiato". Semplicemente, con queste parole: perché ancora in quei giorni la malattia non aveva neanche un nome, bastava dire contagio e già si capiva di che male si parlava...».

Urbani diceva a tutti di non illudersi, che non ce l'avrebbe fatta. «Ai colleghi che lottavano per lui, che gli davano speranze, rispondeva che non aveva ancora visto guarire nessuno di quella polmonite. Lo aveva tanto impressionato la morte di una donna, madre di tre bambini: perché avrebbe dovuto salvarsi proprio lui? No, non ci credeva. Era molto abbattuto, soffriva, posso dire che si è consumato dalla paura perché sapeva perfettamente che cosa gli sarebbe successo, come sarebbe morto. Lui poi, che non era coraggioso e non sopportava il dolore: una banale influenza o un mal di testa non li tollerava proprio...».

La lotta per guarire

Distrutto dalla malattia, sfinito, disperato per la condanna ineluttabile, macerato dal desiderio di rivedere i figli, Carlo andava incontro a una morte spaventosa. I polmoni gli si erano riempiti di liquido, ogni respiro era un rantolo da strappare con i denti, come quando si affoga, come una perenne violenta crisi d'asma. «Non posso pensare a quelle scene tremende nella sala di rianimazione – ricorda Giuliana –. Io stavo per ore lì con lui, che spesso era incosciente o sotto l'effetto della morfina che gli davano per lenire le sofferenze. La tosse era spaventosa, l'affanno con cui cercava l'aria mi faceva impressione. Quando non ce l'ha fatta più gli hanno messo il respiratore, ma ancora faticava: ogni volta che inspirava sbarrava gli occhi all'interno della maschera, poi li richiudeva spossato. Li apriva e li chiudeva per lo spasimo, così per giorni».

Ma finché ne aveva avuto la forza aveva dato una mano ai medici per provare a guarire, anzi, non aveva perso la sua carica ironica che chiunque lo abbia conosciuto ricorda: «Un giorno i suoi colleghi venuti dall'America gli presero dei campioni di saliva per mandarli ad analizzare e Carlo ebbe pronta la battuta: "Ma bene, ora faccio pure da cavia". E poi sorrideva di quelle che chiamava "le bombe di antibiotici" con cui cercava di debellare il virus, ma che non sortivano mai l'effetto sperato... Però in realtà aveva tanta paura di morire. E la cosa che più desiderava al mondo, mi confessava sempre, sarebbe stata di rivedere i figli, di sentire ancora una volta i loro corpi tra le sue braccia, di accarezzare ancora le loro teste... No, non c'è nulla di più atroce di un'autodiagnosi».

Non aveva mai voluto raccontare alla stampa i suoi ultimi minuti con il marito, Giuliana, il saluto con cui si erano congedati quando ormai entrambi avevano capito che era l'ora. Ma adesso, nella casa di Castelplanio, lo fa volentieri, quasi come una liberazione: «In quella città sconosciuta della Thailandia, ero rimasta assolutamente sola. Giorni prima Carlo mi aveva ordinato di partire con i nostri figli, ma io dopo averli imbarcati sull'aereo per l'Italia lo avevo raggiunto dal Vietnam. Lì a Bangkok passavo gran parte delle ore tutta sola in hotel senza fare nulla, seduta sul letto ad attendere di andare da lui, indossare quella maschera soffocante e starlo a guardare in attesa che riprendesse coscienza. Tante volte dormiva e basta, ma io so che si accorgeva di me.

L'addio a Giuliana

Intanto in Italia pochissimi conoscevano il dramma di Carlo e Giuliana: tra questi l'amico parroco, don Mariano Piccotti. «Ogni tanto cercavo invano di mettermi in comunicazione con qualcuno degli amici, ma laggiù tutto è difficile, non è come in Italia. La cosa più terribile per me era la solitudine, non avere nessuno con cui sfogarmi, non poterne parlare con mia madre o con la mamma di

Carlo, che erano a Castelplanio e non dovevano sapere niente almeno finché restava un filo di speranza. In pochi giorni ero piombata in un incubo cui a volte non credevo nemmeno io, come se stessi vivendo in un film: due settimane prima eravamo una famiglia felice, avevamo tutto, io poi ero sempre dipesa da Carlo, non avevo mai dovuto gestire grandi responsabilità in prima persona. Ora il mondo si era capovolto: tutto ciò che facevo era prendere quel taxi ogni giorno dall'hotel all'ospedale e guardarlo soffrire. L'unico sollievo l'ho avuto quando Laura, la cugina di Carlo, mi ha raggiunta a Bangkok per qualche giorno: era in vacanza in Laos, sarebbe dovuta venire in Vietnam a passare qualche giorno in famiglia, invece ha deviato per la Thailandia. In momenti del genere qualcuno che condivida il tuo strazio rappresenta la sopravvivenza».

L'ultima volta che Giuliana ha visto Carlo era il 27 marzo, giovedì, due giorni prima della morte: «Ci siamo resi conto che eravamo alla fine, ma nemmeno allora ha voluto parlarmi di morte. Non mi ha affidato testamenti spirituali, né mi ha fatto raccomandazioni per i figli. Non occorrevano parole e d'altra parte non aveva la forza per pronunciarle. Eppure il gesto che ha fatto e quello sguardo...». Che gesto?, oso domandare a Giuliana. So che le chiedo molto e che rischio il rifiuto, ma lei risponde volentieri, ancora una volta: «Ha sollevato lentamente la sua mano e ha preso la mia, poi se l'è appoggiata sul cuore e mi ha guardata negli occhi. L'ho aiutato, interpretando il suo pensiero: "Mi vuoi bene, vero?", lui con la testa ha fatto segno di sì, gli ho stretto di più la mano e ho annuito: "Lo so, lo so bene"».

Giuliana ha scelto di ricordarlo così, di fermare il tempo a quel saluto. Nei due giorni successivi non è più tornata in quella camera né ha voluto rivederlo dopo, da morto. Nelle ultime 48 ore di vita Carlo Urbani è stato intubato e i medici gli hanno indotto il coma: una liberazione, che gli ha permesso di scivolare senza accorgersene nella morte.

L'addio ai figli

Come sappiamo, quando l'11 marzo 2003, a Bangkok, Urbani si accorge di essere anche lui contagiato dal virus, il suo primo pensiero va alla salvezza dei figli: «Portali subito in Italia, dovete lasciare il Vietnam», telefona alla moglie, che invece affida Luca e Maddalena a Tommaso e li imbarca da soli sul primo aereo.

Maddalena, Luca e Tommaso

Maddalena aveva solo tre anni ed era in Vietnam da quando aveva pochi giorni. Parlava quasi solo vietnamita perché frequentava l'asilo locale e non quello degli europei. Urbani voleva vederla crescere così, come i bambini del posto.

Chissà che cosa passa nella testa di una bimba di tre anni, che di colpo non vede più suo padre, ma nello stesso momento perde tutto ciò che aveva: la lingua, le abitudini, i paesaggi. Sua madre non le ha mai spiegato che il padre è morto e lei ogni tanto lo nomina ancora, dice che «papà è ad Hanoi con i cani», oppure che «è salito in cielo», ma ripete quello che sente dai grandi. Da allora è cambiata: «Era solare, dolce, è diventata nervosa, capricciosa».

E poi c'è Luca, sette anni quando si è spezzata la sua leggenda personale: a lui la madre lo ha detto. «Quando mio marito è morto, io sono tornata in Italia dai miei figli, il corpo di Carlo è arrivato dopo due giorni. Il pomeriggio ho preso il bambino da parte: gli ho detto che il papà, che curava tutte quelle persone perché erano sole e stavano male, non ce l'aveva fatta. Luca è scoppiato in un pianto dirotto durato dieci minuti, poi da quella volta non ha mai più chiesto nulla, non vuole che gliene parli, è arrabbiato perché lo ha lasciato così, di colpo, sbalzandolo in una vita tanto diversa qui a Castelplanio. Per lui sono stati due terremoti: lasciare il Vietnam dove aveva frequentato l'asilo e due anni di scuola, e perdere il padre che adorava». Giuliana ha voluto che entrambi ci fossero al funerale, che vedessero dov'era loro padre, che non sparisse dalla loro esistenza in modo vago. «Dovevano sapere: la morte fa parte della vita».

E poi Tommaso, sedici anni, il «grande», l'unico della famiglia cui Urbani aveva affidato il suo terribile segreto: «Sono contagiato». Un gesto di fiducia che impressiona. Al funerale, davanti a tutta Castelplanio, a ministri, funzionari dell'Oms, delegazioni e picchetti d'onore di Medici senza frontiere, i sindaci di tutta la Vallesina, il vescovo di Jesi e i dieci sacerdoti che concelebrano con lui, e poi migliaia di persone... davanti a tutti loro Tommaso conclude la cerimonia: si allontana da sua madre, va all'altare, porta alla bocca il saxofono e in un silenzio totale suona *My way*, una delle canzoni più belle che siano mai state scritte, una delle preferite dal padre. Per tanti anni, complici, la sera avevano suonato insieme, l'uno al pianoforte, l'altro al saxofono.

Il suo pianoforte è stata una delle ultime cose tornate dal Vietnam, dopo gli scatoloni di «effetti personali».

L'ultima confessione

«Non conoscevo Carlo Urbani, non l'avevo mai visto prima. Le nostre vite si sono incrociate solo per l'estrema unzione. È stato un incontro toccante, intenso, sereno, ma anche molto triste...».

Padre Piergiacomo Urbani, superiore del Pontificio istituto missioni estere in Thailandia, ha passato a Bangkok trenta dei suoi sessantadue anni. E da lì, dalla città in cui Urbani è morto, racconta al telefono il loro incontro. Sapeva solo vagamente di quel medico italiano che si chiamava come lui, ricoverato all'ospedale Bamrat in gravi condizioni per la misteriosa malattia di cui si parlava da qualche tempo: lo aveva letto sui giornali. Una mattina ricevette una telefonata da un'impiegata thailandese dell'Oms, una donna cattolica, che gli chiedeva di aiutare quell'uomo vicino alla morte: padre Urbani era un sacerdote e per di più italiano, inoltre la sua parrocchia, Nostra Signora della Misericordia, era nei pressi dell'ospedale.

Quel giorno stesso vide Urbani per la prima volta, in rianimazione: dovette entrare con addosso due maschere, due paia di guanti sovrapposti, doppie protezioni su tutto il corpo, anche gambe e braccia coperte da strati di plastica. Così celebrò il sacramento della confessione. Il giorno dopo tornò per dargli la Comunione e l'unzione degli infermi. Due uomini dallo stesso cognome che fino a quel giorno non si erano nemmeno sfiorati si trovavano a condividere un momento simile.

«I miei figli…»

«Quando entrai io non sapevo se mi trovavo di fronte a un credente, ma da quel poco che tentava di dire capii che si metteva nelle mani di Dio. Così cercai di non affaticarlo: ogni due o tre parole gli scoppiava una tosse che non finiva mai. Allora parlavo io al posto suo e lui mi guardava, e accennava di sì, che capiva, che accettava…».

Erano parole di coraggio quelle che padre Urbani rivolgeva a Carlo. La pietà gli dettava speranze impossibili: provava a dirgli di aver fiducia nel Signore, che niente era ancora detto e che poteva darsi che Dio… Ma stava parlando con un medico, non con un paziente qualsiasi: «Era del tutto lucido e capiva perfettamente la sua condizione. Quando gli ho ricordato che in fondo molte persone infettate avevano superato la fase acuta e stavano già meglio, ha negato con la testa: lui no, lui era condannato, lo sapeva ed era inutile insistere. Così gli chiesi di affidare la sua anima a Dio, di andare a Lui con fiducia e senza disperazione. Urbani mi guardava e annuiva, ma era in una condizione… gli uscivano solo suoni affannosi».

Carlo si congedava dalla vita, condannato a farlo in silenzio. «Facemmo così: io provavo a dire qualche possibile mancanza, lui ascoltava e faceva cenno col capo, sì o no. Era solo un modo per aiutarlo a esprimersi, non è certo una lista di peccati ciò che conta: in lui c'era una chiara disposizione interiore e questo bastava, non occorreva altro, soprattutto non occorrevano parole…».

Ma Carlo qualcosa da dire ce l'aveva. Il missionario capiva che dentro di lui c'era un pensiero importante, uno strazio interiore che a tutti i costi doveva venire fuori e che quell'uomo tentava di esprimere dal primo momento. Finalmente riuscì a raccogliere le ultime energie in uno sforzo sovrumano e a dire tre parole: «I miei figli». «Era quella la sua angoscia – racconta padre Urbani –. Li stava lasciando per sempre senza poterli rivedere e soffriva più di questo che di morire. Perdere la vita significava perdere le sue tre creature che lo aspettavano in Italia».

«Era disperato – continua padre Urbani –. Che dirgli? Che Dio, in qualsiasi modo quella situazione si fosse conclusa, sa sempre cosa fare. Noi gli offriamo anche le cose più care che abbiamo e Lui poi dispone. Urbani era attento, mi guardava e annuiva, accettava le mie parole, le credeva anche lui con convinzione. Posso testimoniare che si è messo nelle mani della Provvidenza con serenità cristiana e consapevolezza. A quel punto gli ho chiesto se desiderava la Comunione e l'unzione degli infermi, ha subito annuito, ma per quello dovevo tornare la mattina dopo».

Infatti il missionario non aveva nulla con sé: quel giorno era arrivato in ospedale in modo rocambolesco, non sapeva nemmeno se lo avrebbero lasciato entrare, e difatti gli infermieri una prima volta lo avevano bloccato, nessuno poteva entrare dall'italiano contagiato. Allora si era rivolto all'impiegata dell'Oms che gli aveva telefonato e lei era riuscita a organizzare l'incontro a patto che si mettesse addosso tutte quelle protezioni. «Insomma, per quel giorno me ne sono andato. Fuori dalla porta ho conosciuto la moglie, anche lei con maschere e guanti. Abbiamo scambiato solo poche parole ma mi è sembrata una donna forte e coraggiosa. La mattina dopo alle 7 ero di nuovo da lui. Quello è stato l'addio: dopo la Comunione e l'estrema unzione abbiamo parlato un momentino ancora, perché sapevamo entrambi che poi lo avrebbero fatto entrare in coma...».

Il giorno prima Carlo aveva già visto il prete missionario passare da quella porta, ma sapeva che sarebbe tornato. Stavolta, uscito il confessore, non c'era più nulla da aspettare. Tutto si era davvero compiuto.

2 aprile 2003: il giorno dei funerali

Carlo Urbani tornò nella sua Castelplanio il primo di aprile, tre giorni dopo la morte. Ad attenderlo a Roma c'era il fratello Paolo, mentre nel paese ammutolito gravava un'aria carica di attesa e di tristezza attonita. Il suono lento delle quattro campane di San Sebastiano, dove il parroco don Mariano aspettava l'amico, annunciava il ritorno del «dottore». All'improvviso la gente del posto veniva a sapere che il «suo» Urbani era un tipo molto importante visto che il mondo intero parlava di lui e la sua morte era stata capace di rubare le prime pagine alla guerra in Iraq. Non ci si aspettava che, coperte dal frastuono dei missili e degli «11 settembre», ci fossero persone come lui (e quante!) impegnate a ritessere in silenzio ciò che altri distruggono.

Finalmente la bara imboccò la salita verso il colle, poi entrò in chiesa avvolta nella bandiera bianca e rossa di Medici senza frontiere.

A pochi passi dalla chiesa, la grande casa in pietra dove Carlo era nato e cresciuto, e dove ancora vive la madre.

La sera stessa, dopo le 21, il paese si raccolse per la veglia funebre, ma prima don Mariano fece in modo che la camera ardente restasse vuota: Maria Scaglione Urbani voleva per l'ultima volta trovarsi sola con suo figlio.

L'omaggio del papa e del governo

Il 2 aprile è il giorno dei funerali. La giornata è grigia e ventosa e promette pioggia. Un corteo lunghissimo, migliaia di persone, fin dal mattino si snoda per le strade di un paese che di solito conta tremila abitanti. I vecchi non lo avevano mai visto, un funerale così. C'è anche il ministro della Salute, Girolamo Sirchia, mentre sull'altare per officiare il rito, insieme ai sacerdoti della Vallesina, c'è il vescovo di Jesi, Oscar Serfilippi, che inizia leggendo le parole del papa: «Carlo Urbani, uno stimato medico che ha speso la vita per lenire il dolore dei fratelli...». Il Vangelo non può che essere la parabola del Buon Samaritano: «Gli si fece vicino, gli fasciò le ferite versandovi olio e vino; poi, caricatolo sopra il suo giumento, lo portò in una locanda e si prese cura di lui...». È il particolare che fa la differenza tra il medico e il medico missionario: «Carlo non si accontentava di curare il malato, si prendeva cura di lui e gli cercava un futuro – sottolinea il vescovo –. Come cristiani noi diremmo che è un santo, nelle sue scelte fondamentali era un missionario al fianco di ogni persona del mondo, la sua non era soltanto una professione ma una vocazione». Un esempio che chiunque può seguire, a modo suo: «Ormai viviamo gomito a gomito in questo villaggio che si chiama mondo – dice poi rivolto alla gente – e sapete che non c'è bisogno di chiacchiere ma di opere», come a dire che ciò che succede nell'altro emisfero oggi non possiamo più fare finta di non vederlo. E che «Carlo Urbani» dobbiamo esserlo tutti, non basta fermarci ad ammirare l'eroe.

La folla ascolta e impara a conoscerlo. I Medici senza frontiere ricordano la sua più grande battaglia contro le multinazionali: Davide contro Golia affinché i poveri della terra abbiano farmaci e cure. Gli alti funzionari dell'Oms raccontano delle sue lotte per cambiare il mondo, tutti i giorni in trincea a combattere per chi non ha la voce e la salute per farlo.

Anche il ministro Sirchia parla, e non sono parole di circostanza: «Sono qui perché il governo italiano si inchina davanti alla figura di questo grande personaggio che è un simbolo di medico e un esempio di vita cristiana. Credo che ognuno di noi possa trarre da questo uno stimolo a fare altrettanto – conclude il ministro –: Urbani non è un uomo isolato, c'è un esercito di migliaia di medici che fa altrettanto in ogni angolo della terra!». Nel silenzio. Sono le grandi guerre, di cui non si parla perché non fanno morti.

Il saluto di Castelplanio

Lutto cittadino a Castelplanio. Lo ha proclamato Fabio Badiali, il sindaco e l'amico, per «l'immatura perdita di una figura altissima di uomo e di medico», cui presto il paese intitolerà la sua piazza.

«Chi come lui ha dedicato la propria esistenza alla causa dei più poveri e deboli e ne ha fatto il motivo principale e fondamentale della propria vita fino al personale sacrificio – dice Badiali a nome dell'intera amministrazione comunale – merita di essere ricordato e ringraziato come eroico difensore delle popolazioni che nel mondo patiscono le ingiustizie causate anche dall'egoismo cieco dell'Occidente. Grazie a figure come la sua lo stesso Occidente è capace ancora di esprimere i valori di solidarietà tra gli uomini, i popoli, le culture, le religioni, le razze, che attengono alla dignità umana».

Concetti alti, veri, ma celebrativi. La gente ascolta: non sapeva...

Poi i toni si abbassano e inseguono ricordi di paese, questi sì familiari a tutti: «Carlo Urbani ha dato il suo impegno per la comunità castelplanese – continua il primo cittadino –, ha partecipato recentemente a incontri e conferenze che ci hanno illuminato sulle vere condizioni e sulle sofferenze patite da intere popolazioni cui non vengono riconosciuti i diritti fondamentali, primo tra tutti quello alla vita. È stato anche un amico fraterno che ha condiviso con noi, quando gli impegni glielo permettevano, i momenti felici e spensierati delle ferie estive. Vogliamo ricordarlo come un grande uomo impegnato e come l'amico di sempre». Eccolo il Carlo che conoscevano in paese.

Enzo Falcone: «La morte si affacciò via Internet»

Intanto dall'altra parte del mondo, in Vietnam, molti altri piangevano la scomparsa di Urbani. Tra questi Enzo Falcone, anch'egli medico-missionario. La loro era un'amicizia nata qualche tempo prima: «Anno 1996, erano le 9 della sera, io e mia moglie Tam, vietnamita, eravamo stanchi, era accaduto un fatto drammatico e la giornata era stata pesante: uno dei miei pazienti transessuali aveva assassinato un usuraio... Suonò il telefono di casa, era un certo Carlo Urbani di passaggio dalla Cambogia». Urbani chiedeva di conoscere Enzo Falcone, medico italiano impegnato nella lotta all'Aids. «Lo accolsi sperando che se ne andasse presto. Ci trovammo d'accordo su tutto: rimase fino alle 4 del mattino».

«Il medico deve prescrivere anche se stesso»

Un cammino parallelo, quello dei due dottori: prima entrambi in missione per Medici senza frontiere, «sul terreno» come si dice in gergo; poi nel 2000 tutti e due assunti dall'Onu in Vietnam, Urbani per l'Oms, Falcone per l'Unicef, e intanto entrambi preoccupati di fare i padri nel migliore dei modi: «Quando aspettavamo il nostro primo figlio scrissi a Carlo per avere consiglio su come si fa il papà... Avevamo preso a confrontarci su tutto, ci piaceva discutere ore, fino allo sfinimento, ci divertiva perderci anche in alambicchi mentali. Con lui si poteva parlare di qualsiasi cosa, ci stava sempre, anche troppo. A volte ti stremava con i suoi continui perché». La sua era una curiosità a tutto campo, intelligente, tipica dello scienziato che deve capire ogni cosa fino in fondo. Talvolta si scontravano anche, a causa della formazione molto cattolica di Urbani. «Ad esempio, io nel caso di donne incinte affette da Aids sostenevo l'aborto, lui no, per ragioni sia epidemiologiche sia etiche: c'è solo un 30% di rischio che il bambino prenda il virus Hiv dalla madre – diceva – la vita è sacra, vale la pena dargli una possibilità... Anche sull'eutanasia aveva idee molto nette».

Conserva ancora le e-mail in cui discutevano sulla natura della medicina: «Per me era una scienza, per lui una fede. Alla fine mi mise a tacere scrivendomi: "Io credo per fede che sia una scienza. Può andare così?"... Dietro l'umorismo c'era un pensiero profondo: "Il medico – diceva Carlo – deve prescrivere anche se stesso", nel senso che concepiva il suo rapporto col paziente come totale dedizione. La sua disponibilità per tutti a volte era quasi irritante...».

Vietnam, il rimpianto degli orfani

In Vietnam Urbani viveva ad Hanoi, sei milioni di abitanti, Falcone a Da Nang, un milione, poche decine di chilometri di distanza ma quasi insormontabili in quel Paese: si vedevano poco ma si scrivevano molte e-mail. Quando Falcone si è dimesso dall'Unicef per fondare «Care the People», un'associazione di volontariato,

Urbani non lo ha lasciato solo: i due medici cercavano un modello di aiuto diverso da quello delle grandi agenzie internazionali e della cooperazione, slegato da ogni centro di potere politico. È grottesco – pensavano – che si facciano immensi convegni sulla fame nel mondo, spendendo miliardi per ospitare gli «esperti» nei grand hotel: soldi che sfamerebbero intere popolazioni. A volte le Ong col tempo perdono per strada gli ideali degli esordi – era il loro punto di vista comune – e diventano carrozzoni per fare soldi e carriera. Non occorrono grandi esperti per fare i progetti, basta un medico che ascolti la gente: i poveri sanno dirti molto bene di cosa hanno bisogno… Un paradosso di cui Urbani soffriva molto.

«Con Giuliana, che era in contatto con le mogli degli ambasciatori, mi aiutava a cercare i fondi – continua Falcone –. Ma da un momento all'altro Carlo se n'è andato, con tutti i nostri progetti, con tutte le cose che non ho fatto in tempo a dirgli. Però resta tutto ciò che stavamo facendo insieme: all'inizio del 2004 a Da Nang sarà attivo l'ospedale "Carlo Urbani", aperto solo ai poveri, trenta letti in tutto ma in grado di assicurare migliaia di visite all'anno. E "Care the People" svilupperà una serie di progetti riprendendo le basi tecniche e teoriche che ho ritrovato negli scritti di Carlo. Riusciamo già a dare una ciotola di riso tutti i giorni a cento bambini e a tenerli nella nostra scuola».

Urbani amava il Vietnam, non condivideva certe restrizioni che il governo comunista operava, ma apprezzava gli sforzi fatti per rendere efficiente il Paese. E aveva una vera passione per il popolo vietnamita, aperto e socievole. Un amore che gli veniva contraccambiato: «A tutte le ore era disponibile come medico. Io invece se mi telefonavano la notte dicevo di andare in ospedale. Oppure davo il numero di telefono di Carlo. Non scherzo: una notte a Capodanno feci così e lui andò immediatamente a casa del paziente. Era adorato dalla gente, che ora lo rimpiange e si sente orfana di lui. Urbani non è stato un grande solo perché per caso un virus lo ha ucciso: lo è stato anche tutte le volte che l'ha scampata. Ogni volta che ha detto un sì ed è andato… Spesso ho pensato che, se fossi stato a Bangkok con lui nel periodo in cui Chen si ammalò, mi avrebbe certamente coinvolto chiedendomi di studiare insieme il caso. Mi sono chiesto più volte se ci sarei andato, se avrei rischiato tanto per fermare il virus, e devo dire di no: non avrei avuto il suo coraggio. Una volta capito che era qualcosa di grave e sconosciuto, non sarei più tornato in quell'ospedale».

«Se n'era andato davvero, con i nostri progetti di vita»

Erano distanti poche centinaia di chilometri ma Falcone non ha mai saputo dell'agonia dell'amico. A Da Nang mancava la corrente elettrica (in Vietnam è normale nei periodi di siccità), così da qualche giorno non si tenevano in contatto. Appena tornata la corrente, Falcone è entrato in Internet. C'era una notizia: «Medico italiano morto a Bangkok». Non poteva essere lui, sono tanti i medici italiani, e poi lo aspettava a giorni a casa sua. «Presi coraggio e aprii l'articolo. Rimasi svuotato. Se n'era andato davvero, in quel modo, nel pieno della vitalità, stroncato in maniera così futile, persino banale. E io lo aspettavo per progetti di vita, non per andare a cena insieme! Non era giusto. Mi mancava di colpo tutto di lui: il confronto professionale, i consigli di padre, l'amicizia. Ripensavo a tutti i nostri discorsi, alle sue guerre che ora restavano a metà. Di Carlo si è parlato molto, invece si doveva parlare di queste, delle sue guerre. I veri eroi – direbbe lui – sono quei tanti medici africani o vietnamiti che se si ammalano non hanno gli esperti al capezzale e l'immediato rimpatrio, come noi. Che prendono 30 dollari al mese e operano in catapecchie. Noi dopo qualche anno in missione torniamo a casa, con rimborsi spese, interviste, serate con ambasciatori... Carlo era indignato da tutto ciò, dai carrozzoni umanitari fatti di dame e cocktail, e in questo era un po' aristocratico, solitario, pochi lo seguivano. Lui poneva la medicina in una dimensione sociale: alle malattie dei poveri si soggiace con fatalismo, con la connivenza di governi, istituzioni e degli stessi medici, diceva... Spesso il mio pensiero va alla sua famiglia, ai figli, a Tommaso che già entrava in tutti i nostri discorsi da adulto, a Luca, e soprattutto a

Maddalena: che occasione persa per lei avere un padre così e non conoscerlo».

La profezia dell'indovino

Un ultimo ricordo di Enzo Falcone, un misterioso presagio di morte, ci mostra anche un Carlo Urbani diverso da quello che tutti vedevano: lo scienziato abituato ad attenersi solo ai fatti. «Sotto un grande albero ad Hanoi, nel centralissimo Parco Lenin, accucciato a terra, da anni un vecchio saggio predice il futuro leggendo la mano, ed è molto rinomato per le sue profezie. Passammo di lì un giorno, qualche mese fa, io, Tam, Carlo e altri amici. Non so perché, Carlo, che non ha mai fatto di queste cose, si è seduto accanto al vecchio e gli ha chiesto di leggergli il futuro». L'indovino ha guardato attento il palmo della mano, su un foglio ha scribacchiato a lungo i suoi appunti, alla fine ha proferito il verdetto: «Avrai una vita breve ma famosa: ti resta molto poco da vivere ma la tua morte sarà celebre». La cosa che più è rimasta impressa agli amici è che Carlo, anziché riderne come si aspettavano da lui, fu molto colpito. Ricordano che a sera era ancora pensoso, adombrato: «Era stata una sua leggerezza, non era il tipo da credere a queste cose, ma incredibilmente per giorni ha ripensato alla predizione del vecchio indovino, che non lo lasciava tranquillo...».

La vita

«Eravamo due ragazzi di Castelplanio, nati e cresciuti in questo paesino – racconta Giuliana Urbani –. Ci siamo innamorati che io avevo 16 anni, lui 8 di più e a 19 ero già sposata: sono stata con lui 23 dei miei 39 anni! Ad unirci erano tante cose, ma soprattutto la voglia di aiutare il prossimo: Carlo fin da ragazzo si era dato da fare per organizzare campeggi estivi per i disabili, raccolta di medicinali per Mani Tese e poi, mentre studiava medicina, già viaggiava per l'Africa, con lo zaino in spalla, portando sollievo ai disperati. Io invece, fino a quando non siamo partiti per il Vietnam, ero maestra e mi occupavo dei bambini handicappati nella scuola del paese».

Le radici di Carlo: al servizio degli altri

Ma non è semplice essere la moglie di un uomo fuori dall'ordinario: «Nel 1996 era entrato a far parte di Medici senza frontiere, l'organizzazione che porta aiuto alle vittime di epidemie, carestie e guerre in tutto il mondo, per cui era sempre in missione: tra i malati e i poveri dell'Africa passava tutte le sue ferie, accumulava turni di notte nell'ospedale di Macerata, dove lavorava al reparto Malattie infettive, per poter star via un paio di settimane ogni due mesi... Nel 1996 chiese l'aspettativa di un anno e si trasferì in Cambogia per Medici senza frontiere: quella volta volle che anche io e i nostri figli – allora ne avevamo solo due – lo seguissimo. Ma dal 1993 era pure consulente per l'Organizzazione mondiale della sanità e anche per questo viaggiava molto. Intanto a Macerata seguiva i malati di Aids. Insomma, a casa c'è stato sempre poco e questo a volte è stato motivo di forti discussioni tra noi, ma oggi, a posteriori, so che è stato un marito e soprattutto un padre eccezionale: quando tornava ci portava un bagaglio di esperienze umane che condivideva con noi. Adesso capisco che in fondo da noi non si era mai allontanato».

L'Oms, il sogno che si realizza

La grande svolta nel 2000, quando l'Oms lo assume e gli chiede di trasferirsi in Vietnam come esperto per le malattie parassitarie che lì uccidono bambini e adulti come da noi muoiono le mosche. Proprio in quel periodo l'ospedale di Macerata gli propone il posto più ambìto, quello di primario. Ma è un bivio che non gli crea troppe indecisioni. La sofferenza si trova ovunque, non occorre andare così lontano, il bene lo si può fare anche nella casa del vicino e Urbani lo sa. Ma sa anche che al mondo esistono luoghi in cui sopravvivere è già un successo, dove avere una ciotola d'acqua pulita è un lusso, ed è lì che la sua missione lo chiama.

D'altra parte che un lavoro fisso all'Oms fosse il suo obiettivo lo prova una lettera che due anni prima da Castelplanio aveva scritto all'amico e collega Enzo Falcone, allora di passaggio in Italia. Una lettera dai toni intimi e profondi, in cui non manca però la solita ironia: «Io sono sempre preso dal lavoro, e più tempo passa più mi rendo conto che ne sono "troppo" preso. Ultimamente mi sto accorgendo che alcune delle cose belle che ritenevo insostituibili nella mia vita sono del tutto scomparse, in particolare volare in deltaplano: non lo faccio da quasi tre mesi!! Non era mai successo! E per altro non so come rimediare. Forse quello che aspetto è un'opportunità di lavoro full time per l'Oms o altro di simile. Trovo infatti impensabile rinunciare a tutto e chiudermi fino al pensionamento (già mi sta scendendo una lacrima!) nell'ospedale di Macerata. Vedremo...».

Urbani univa in sé i due opposti del sognatore e dell'uomo concreto: per questo aveva la rara capacità di realizzare sempre i suoi sogni, con costanza e tenacia, anche i più incredibili. E, data la sua indole, erano sogni al servizio del prossimo.

Una palestra di vita

Il suo massimo desiderio era sempre stato quello di rendersi utile nei Paesi in cui l'accesso alla salute è un miraggio e la vita di un uomo vale meno di niente, ma di farlo insieme alla famiglia. Letteralmente godeva, prima in Cambogia e poi in Vietnam, nel sapere che i suoi figli crescevano a stretto contatto con le realtà più dure, vedevano con i loro occhi ciò che i bambini in Italia non immaginano nemmeno, imparavano a convivere con chiunque, senza badare alle razze, alla povertà o alla religione dell'altro.

A differenza dei colleghi dell'Oms o delle altre grandi organizzazioni internazionali, venuti come lui dall'Europa, che mandavano i figli nelle scuole occidentali a 500 euro al mese, Urbani aveva preteso che Maddalena frequentasse l'asilo con i bambini del posto, tant'è che la piccola parlava meglio il vietnamita che l'italiano. Per Luca poi andare a giocare nella casa della «colf» vietnamita era un premio: era solo una stanza per tutta la famiglia, non c'era un giocattolo, ma aveva imparato che ci si diverte con poco... Dagli Urbani, poi, lavoravano anche altre due ragazze vietnamite, non perché in casa ce ne fosse bisogno ma perché Carlo voleva aiutare quella gente dando loro la dignità di un lavoro. «A noi centomila lire in meno al mese che cosa tolgono? Loro ci vivono mezzo anno», diceva ogni volta che ne assumeva una. «Ora mi chiedo come faranno quelle povere ragazze, anche per loro è finito un sogno – dice Giuliana –. La gente vietnamita è molto dolce e sa vivere serena col niente che ha, immersa in una splendida natura ancora intatta. A loro basta poco per sorridere e sono felici se gli allunghi una mano. Gesti che mancano qui, dove c'è tutto e per questo sembriamo scontenti! È stata dura tornare nell'agiatezza del nostro Occidente triste e frettoloso: per i figli, insieme alla perdita del padre, è stato il trauma più grande».

Parla, Giuliana, ricorda. Intanto fruga in quegli scatoloni giunti dal Vietnam e che ha avuto il tempo di aprire solo adesso, davanti a me che la ascolto e la guardo. Dentro ci trova pezzi di vita che non avrà più. E me li passa perché anch'io comprenda.

Quella che mi dà per prima è una lettera. L'ha scritta Carlo a suo fratello Paolo un mese prima di andare a vivere in Vietnam: «Carlo voleva che la madre e i fratelli capissero: arrivammo a destinazione il 28 luglio del 2000 con un figlio di 14 anni, uno di 5 e la piccola di pochi giorni. Poteva sembrare una scelta azzardata, ma non lo era».

È una lettera da cui emerge l'Urbani medico, l'Urbani padre, ma anche il poeta, il sognatore, il grande realizzatore. E il perfetto comunicatore.

> *A Paolo, 23 giugno 2000*
> Sono cresciuto inseguendo il miraggio di incarnare i sogni. Ed ora credo di esserci riuscito. Ho fatto dei miei sogni la mia vita ed il mio lavoro.
> Anni di sacrifici (non mi sono mai accorto di guadagnare soldi, anche perché li ho sempre spesi tutti in questo investimento) mi permettono oggi di vivere vicino ai problemi, a quei problemi che mi hanno sempre interessato e turbato. Quei problemi oggi sono anche miei, in quanto la loro soluzione costituisce la sfida quotidiana che devo accettare. Ma il sogno di distribuire accesso alla salute ai segmenti più sfavoriti delle popolazioni è diventato oggi il mio lavoro.
> E in quei problemi crescerò i miei figli, sperando vederli consapevoli dei grandi orizzonti che li circondano, e magari vederli crescere inseguendo sogni apparentemente irraggiungibili, come ho fatto io.

Sono stati il suo ultimo pensiero prima della morte. Erano stati il suo primo obiettivo per tutta la vita. Si può affermare senza paura di esagerare che qualsiasi meta raggiungesse, anche la più lontana da casa, era un tassello ulteriore nella costruzione del suo progetto più grande: i figli. Ciò che temeva di più era che venissero su istruiti, educati, per bene, figli perfetti di quel dieci per cento di mondo ricco e del tutto ignari di come va l'altro novanta.

«In quei problemi crescerò i miei figli»

«Per me vivere all'estero deve essere una testimonianza di barriere abbattute – scrive Urbani nel 2002 da Hanoi all'amica e consigliera spirituale suor Anna Maria Vissani –. Se sto in Vietnam, pur se continuo a sognare i miei dolci colli e i saporiti salumi delle Marche, mi piace mangiare vietnamita, essere loro ospite quando capita, scoprire i loro costumi e cultura, ed a questo abituare i miei figli...». È molto più che il bisogno di ambientarsi, è il desiderio quasi maniacale di capire l'altro, di assorbirne con profondo rispetto il modo di pensare per poi trattenere tutto ciò che di positivo contiene, nella convinzione che non esistono culture migliori di altre e che solo un eclettismo di tutti i lati migliori aprirà la mente dei suoi figli ad un futuro senza barriere. «La settimana scorsa ho portato Giuliana, Luca e Maddalena per quattro giorni in una zona montagnosa tra minoranze etniche – racconta nella stessa lettera –. Godevo al vedere i miei figli dentro capanne affumicate, a curiosare tra il nulla che costituisce la vita dei poveri...».

Faccia a faccia con la realtà

«Caro Paolo, non arrabbiarti ma non è colpa nostra. È che c'è stato un black out nelle comunicazioni elettroniche a Phnom Penh, e solo oggi abbiamo ricominciato a ricevere posta e poterne spedire. Se in futuro ci fossero silenzi, valuta questa possibilità...». Inizia così una delle lettere inviate al fratello dalla Cambogia nell'ottobre del 1996 via e-mail. La vita in Cambogia è precaria, anzi pericolosa, e Urbani è inviato proprio nelle zone a rischio. Ma i giorni trascorrono sereni in famiglia e lui non perde di vista la crescita dei figli, anzi, cade spesso nella tentazione tutta paterna di inorgoglirsi per un Tommaso che a nove anni segue le sue orme mostrandosi curioso e sensibile, le due doti che il padre apprezza di più.

«Noi stiamo bene – prosegue la lettera al fratello –. Giuliana sta andando tre sere a settimana al corso di francese, con una sua amica canadese che parla inglese, per cui non si capiscono mai quando si danno appuntamento per la volta successiva! Poi dovremo incontrare una organizzazione francese che si occupa dei bambini di strada e che cerca qualcuno per aiutarli. Luca ha la sua *nounou* [la bambinaia, *nda*] che si chiama Srey, ed è una delle poche parole che dice, oltre a "bai bai" per salutare e "basta!" quando si arrabbia. Probabilmente tra poco saprà altre parole khmer, visto che Srey gli parla così! Tommaso tutto bene. Sono proprio compiaciuto della sua curiosità e sensibilità. Comunica con un grazioso francese con i suoi amici, ed oggi a pranzo aveva invitato, pensa un po'... una femmina! Lui che ne aveva solo disgusto. Ha detto che è perché qui le femmine sono meno antipatiche».

Castelplanio, l'Italia, l'Occidente sono lontani anni luce. E Urbani ne approfitta per sfuggire alle esteriorità che nel mondo dei ricchi soffocano il senso ultimo di un rito o di un sacramento: «Il sabato sera andiamo a messa in una missione francese. L'ambiente è molto simpatico e rilassato. Con Giuliana e Tommaso pensavamo che sarebbe carino fare qui la Prima Comunione. Credo sia un bel segno, ed eviterebbe a Tommaso la distrazione dei regali e del pranzo». La lettera va avanti e spiega: «Io la preferirei così, più silenziosa e in una chiesa ricavata in uno stanzone (le vecchie chiese francesi sono tutte state distrutte dai Khmer Rossi) con un crocifisso in fondo. Tommaso è contento dell'idea ed anche Giuliana ci sta pensando (vorrebbe comunque festeggiare con un pranzo con le nostre famiglie al ritorno). Vedremo».

Passa qualche giorno e le esperienze cui vanno incontro in Cambogia sono spesso traumatiche, ma Urbani, che veglia sulla sicurezza della sua famiglia, la ritiene ancora una scuola di vita. Il

2 novembre agli amici Romana ed Enrico di Ancona invia una lettera molto lunga («Per farmi scusare la prossima volta vi farò un telegramma!», scrive alla fine di quattro facciate). «Noi stiamo bene, Tommaso in particolare sta reagendo benissimo. E godo del suo stupore ad ogni cosa nuova che conosce. E di cose nuove ne conosce tante. Qualche volta ho persino paura che siano troppe e tutte insieme, tanta e instancabile è la sua curiosità. È stato ammesso alla scuola francese, alla quale va molto volentieri (è molto internazionale: lui deve frequentare un corso di perfezionamento per bambini non francofoni, ed è insieme a due coreani, due filippini e una nigeriana!)».

La casa che abitano è accogliente. Subito fuori, però, «ogni giorno una media di trenta persone nel Paese inciampano su una mina antiuomo. Considerati i morti, ne restano circa seicento ogni mese che hanno bisogno di una o più protesi. L'industria delle protesi è una delle più fiorenti in alcune province del Paese, e ovunque trovi amputati: è una delle cose che ha più colpito Tommaso, che ha anche voluto vedere un video di Medici senza frontiere sulle mine antiuomo».

Magie esotiche e avventura

Non è solo dura la scuola di vita che Urbani offre ai suoi bambini in Oriente. Spesso, anzi, regala loro esperienze che resteranno indimenticabili: viaggi avventurosi, contatti con culture e paesaggi di una bellezza struggente, incontri che non avrebbero trovato in nessun libro di favole. «E su questo scenario la vita scorre tranquilla – conclude la lettera agli amici di Ancona – con tempi piacevoli di chiacchierate serali schiacciando zanzare, passeggiate domenicali in qualche pagoda dove decine di bonzi fasciati d'arancione, sorridenti, ti lanciano fiori al termine delle loro vibranti nenie; o immersi nella verde limpida acqua del mare d'Indocina, raggiunto dopo cinque ore di strada insicura marciando in convoglio con altri mezzi di organismi internazionali pieni di famiglie che come noi hanno considerato normale venire a vivere in Cambogia. Tutto questo, e lo sguardo enigmatico delle mille statue del Buddha (che può essere riprodotto in un numero infinito di modi tanta è la sua infinitezza!), il profumo del loto, il fantasioso sapore dei piatti preparati, ed il dolce scorrere di una piroga sul Mekong, sono gli ingredienti di questo nostro vivere in Cambogia».

Il difficile mestiere di padre

«Un testamento affettivo nei confronti di Maddalena, Luca e Tommaso». Così Enzo Falcone, l'amico medico che vive e lavora in Vietnam, definisce la corrispondenza sui figli che ancora conserva.

«Io e Tam qui abbiamo una grande novità – gli aveva scritto Falcone il 6 luglio del '99, bisognoso di consigli per l'arrivo del primogenito –: diventeremo genitori a dicembre. Io sono sinceramente un po' perplesso perché, se pure avevamo deciso di avere un figlio, non si è mai sufficientemente preparati. Inoltre mi immagino i cambiamenti per la nuova condizione. Potrò continuare a fare il ragazzo o dovrò diventare adulto? Forse tu diresti con salomonica sentenza: sicuramente potrai fare il ragazzo padre! Ma a parte gli scherzi forse un figlio domanda una riorganizzazione dell'esistenza. A te cosa è successo? Insomma, che palle queste amletiche considerazioni. Lo so cosa succederà: continuerò a scherzare con la vita sperando che mio figlio abbia la stessa ironia ed entusiasmo. Inutile prendere la vita sul serio… tanto non se ne esce vivi. Un abbraccio forte forte da stritolarti le ossa».

Carlo non si fa pregare e la sua risposta è insolitamente seria. Meditata, umile e sincera nello stesso tempo: l'argomento gli sta a cuore: «Enzo, è una bellissima notizia e ti prego di non programmare niente per cambiare la tua vita dopo che sarai padre… vai benissimo così!!! Io non ricordo di aver dovuto riorganizzare nulla, e per quanto possibile ho cercato anche di non cambiare nulla sia nei rapporti con mia moglie sia nella nostra vita sociale insieme. I bambini, credo, in base anche alla nostra esperienza, non è vero che richiedono cure speciali, anzi credo che godano di vite speciali. Odio la paranoia di quanti, e sono tanti!, non escono perché i figli si stancano, o non mangiano fuori perché al figlio non piace tutto, o... non vanno in Cambogia perché può essere pericoloso. Io mi sforzo di offrire ai miei figli una vita piena, appassionante, ricca di novità, anche ovviamente di delusioni, continuo a fare il cretino con loro come se non fossi mai cresciuto o diventato padre, e loro sembrano divertirsi. Certo mi piacerebbe avere comunque qualche consiglio, per sapere come poter più stimolare la loro attenzione verso le cose che ritengo prioritarie ma senza diventare un palloso integralista, oppure vederli diversi quando immersi nella marmaglia che ci circonda evitano di giocare per ore con la PlayStation, o non eccitarsi più di tanto per una vittoria della Juve, ma, ahimè!, non sempre ci riesco, e allora mi domando... e se non fossi un bravo genitore? Morale: aiutiamoci a vicenda!».

«Molte volte sull'educazione dei figli ci scontravamo – racconta oggi la moglie Giuliana –: spesso trovavo che fosse troppo permissivo in particolare con il più grande, perché Carlo pensava che ogni esperienza, anche la più banale, lo avrebbe aiutato a crescere. Inoltre per lui non era importante che nostro figlio non combinasse nulla di male, quanto che poi lo raccontasse a casa». Ai permessi che Giuliana negava a Tommaso, Carlo rispondeva: «A dirgli di no che cosa ci guadagni? Lo farà lo stesso ma di nascosto. In famiglia ci si deve dire tutto. Finché verrà a confessarci la sigaretta o la birra di troppo sarà buon segno, potremo fidarci».

Pochi mesi soltanto ed è di nuovo Carlo a diventare padre, per la terza volta: "Carissimo Enzo - scrive a Falcone il 27 febbraio del 2000, appena assunto all'Oms -, il mio posto è confermato. Io arriverò ad Hanoi a maggio. Giuliana partorirà a fine aprile e mi raggiungerà con i bambini entro luglio, inshallah! Riorganizzerò le mie cose per prepararmi al cambio radicale". Iniziava l'avventura del Vietnam. Sarebbe dovuta durare a lungo, questa volta senza pericoli o intoppi...

L'amico parroco: «Carlo sognava, Urbani realizzava»

«Ho conosciuto Carlo molti anni fa, nel 1978: ero un giovane prete venuto a Castelplanio per una settimana di predicazione. Lui faceva parte del consiglio pastorale e subito mi colpì per la forte personalità. Il primo ricordo che ho di lui? Me lo rivedo ancora che boicotta i fuochi d'artificio, non ne voleva sapere e riuscì a farli saltare: sosteneva che era immorale sprecare i soldi in quel modo, pensando a quante persone sarebbero guarite o avrebbero spento i morsi della fame con quella cifra. Ci trovammo subito in sintonia. Riprendemmo i rapporti dieci anni fa, quando venni a vivere nel paese».

Don Mariano Piccotti, 55 anni, parroco di Castelplanio, è una delle persone che ha conosciuto più da vicino Carlo Urbani. E per questo una delle più intervistate dopo la sua celebre scomparsa: «Mi chiedevano se era un "cattolico osservante", se veniva a messa la domenica, se faceva la Comunione, ma si può giudicare la fede di un uomo secondo questi parametri?».

«Carlo, il cristiano adulto, il credente del futuro»

Sono asciutte le parole di don Mariano: «Carlo Urbani è il cristiano del futuro, il credente che comunica il Vangelo senza prediche. Il cristiano adulto che ha sempre le sue opinioni personali e non si adegua a un'obbedienza formale. Anche nei confronti della Chiesa, se serve! Il cristiano che non "milita" più contro un nemico da combattere o per un distintivo da mostrare: la sua fede era viva, la misericordia prendeva i connotati della competenza rigorosa unita all'umanità. E il suo tratto caratteristico era l'apertura a quanto di buono c'è in ogni espressione religiosa. Detto questo posso pure rispondere al resto: sì, era un cattolico osservante, ogni volta che era in Italia partecipava alla messa, per anni aveva suonato l'organo durante le funzioni e aveva promosso instancabilmente le attività della parrocchia. Poi si era messo al servizio del consultorio per l'educazione sessuale dei ragazzi nelle scuole e per il corso ai fidanzati dal punto di vista medico insieme alla sua amica più cara, suor Anna Maria. Ma dico di più, quando partiva in missione, portava con sé nel Terzo mondo l'intera comunità di Castelplanio: voleva che tutto il paese facesse qualcosa per i popoli bisognosi, sapendo bene che alla fine, in un giusto equilibrio tra dare e avere, anche noi ci saremmo arricchiti».

Era il 1994 quando andò in Mauritania come Medico senza frontiere su mandato dell'Onu: sapeva che avrebbe visitato mille bambini, così chiese al paese di comprare mille penne e altrettanti quaderni. In cambio riportò indietro i disegni fatti da quei bambini e un capitale di ricchezza interiore per tutti, creando un ponte durato anni tra i due paesi.

Godeva nel condividere, gli piaceva coinvolgere gli altri nelle sue imprese: la famiglia in senso stretto – la moglie e i tre figli – e la famiglia allargata. «Ma questa, fosse dipeso da lui, sarebbe stata di sei miliardi di uomini».

Un idealista molto concreto

«Carlo faceva due cose: sognava e realizzava». Si riassume così forse l'intera sua vita. Il parroco lo descrive «veloce e intelligente», ma innanzitutto costante: «partito da un paesino delle Marche e arrivato ai vertici dell'Oms solo sulla base di scelte oneste e coerenti». Era anche un uomo concreto e realistico, sapeva cioè che i grandi ideali non funzionano se sono campati in aria, che per portare cibo e salute ai poveri è necessario mediare con i potenti, dialogare con i governi, combattere «da dentro» le istituzioni, non fermarsi alle manifestazioni o alle «sceneggiate di piazza». Ai tempi del G8 di Genova era stato chiamato a spiegare in parrocchia cosa ne pensasse dei grandi organismi internazionali: «Carlo ammetteva e anzi denunciava gli abusi e le ipocrisie, ma sapeva che la protesta sterile e violenta non porta finanziamenti e intanto la gente muore di fame. Insomma, piegava la politica ai bisogni dei deboli e non viceversa».

Una strategia che lo vedeva vincente dov'era facile fallire: «Il Vietnam non è un Paese liberale, specie nei confronti della Chiesa, ma lui stava a guardare senza prendere di punta il governo, restava nella dimensione istituzionale, conquistava la fiducia di chi conta senza mai bluffare ma mettendo in campo tutta la sua competenza, poi al momento buono otteneva per la popolazione più di quanto non fosse sperabile». Di se stesso non gli importava, l'unico suo scopo era sollevare i miseri, e la carriera, cui pure teneva moltissimo, era il mezzo per riuscirci. «Solo chi arriva in alto come lui può sperare di cambiare le cose».

È difficile – e sarebbe forse artificioso – separare le radici cristiane di Urbani dal suo modo di essere medico: «Dalle sue esperienze giovanili all'interno della Chiesa – continua don Mariano – è nata, credo, la sua aspirazione a una medicina missionaria. Si può dire, senza ombra di retorica, che dentro un'estrema professionalità portava il lievito della salvezza nelle persone. Era un uomo di carità, al punto che guadagnando uno stipendio considerevole non esitava a spenderne buona parte per chi non ha nulla: era il suo modo concreto e spirituale insieme di nutrirsi della fede».

Una fede semplice, essenziale, sincera. Anche umile e commossa, fatta di piccole cose, come emerge dal ricordo che lo stesso Urbani lasciò un anno fa, mentre si trovava di passaggio in Italia, per la morte di don Dino, l'anziano parroco della sua giovinezza, suo compianto professore di religione. Don Mariano conserva ancora quello scritto...

La novella di don Dino

«Anche quando il silenzio cessa, rimane un gran vuoto». Così inizia il racconto scritto da Urbani. «Nell'ora di religione c'era un gran casino in classe. Alcuni addirittura fuggivano dalla finestra, aperta nelle calde mattine di primavera. Ne rientravano con in mano rami grondanti ciliegie. Si giocava, si mangiava, si litigava, in un sovrapporsi di rumori. Seduto in cattedra, il prete era intento a leggere per noi con la voce calma di una conversazione nel quieto oratorio. Completamente ignaro di quanto accadesse. A volte alzava lo sguardo e sorrideva, e al suono della campanella salutava chiedendo di essere più bravi la prossima volta. Ciao don Dino, rispondevamo urlando. Nell'ottusa prospettiva di adolescente non vi riconoscevo un padre dello Spirito, ma un accondiscendente tutore».

Eppure la bontà di quel parroco, scambiata per accondiscendenza, gettava i suoi semi, per il momento nascosti ma destinati un giorno a germogliare nella memoria dei suoi ragazzi. Per Carlo sono gli anni dell'adolescenza: passati tra studio, gioco, amici, ma anche tra i primi travagli di una personalità in via di formazione, i pensieri, le scelte importanti. Socievole e aperto, amava i suoi momenti di solitudine in cui assaporare le sensazioni intime: «C'erano pomeriggi caldi, e dopo pranzo la scala per salire all'organo profumava di fresco, incenso e muffa. Quando la riscendevo, dopo qualche mezz'ora, don Dino era lì che mi aspettava, in genere seduto nella poltrona alla sinistra dell'altare maggiore. Si sventolava con la tripunta, e sorridendo salutava: bene, bene, bravo, bravo... Lo rivedevo la domenica, dall'armonium dove ero seduto. Ricordo le sue messe, di una semplicità essenziale. Leggeva con chiarezza il Vangelo, scandendone le parole, e la predica era di freschi ed a volte ingenui pensieri. La sua era una religione fresca, di chiari, semplici ed essenziali concetti. Sapeva trasfondere affetto con le sue carezze o la mano appoggiata alla spalla».

Nel giovane Carlo cresceva intanto il bisogno di impegnarsi per gli altri, di far qualcosa non per se stesso. E sullo sfondo c'era ancora la figura mite del parroco: «Nei dopocena d'inverno a volte si andava al Consiglio Pastorale, o alla San Vincenzo de' Paoli. Tra animi contorti e attriti atavici, l'unica costante era la sua calma. La sua presenza scoraggiava lo scontro, univa gli intenti»: una caratteristica, questa, che con il tempo Carlo farà sua, portandola con sé – come testimonia chi ha lavorato con lui – ovunque dovesse coordinare mentalità e talenti diversi, ad esempio come presidente di Medici senza frontiere.

Carlo cresce, diventa «il dottore», ma per don Dino è sempre uno dei suoi ragazzi, un'anima su cui vegliare. «Con gli anni, l'attenzione a me, agli altri, restava immutata. Mi chiedeva come andassi, con lo stesso tono di quando entravo in sacrestia come chierichetto, anche quando, molto più tardi, entrava nel mio ambulatorio medico. In ginocchio nel confessionale, ricordo le sue domande, regolari, discrete, immutate negli anni. Tanto che, inginocchiato di fronte a lui, non potevo non sentirmi, anche se diventato padre nel frattempo, un bambino che chiedeva ancora perdono. Era questo forse il sentimento più bello che scoprivo nel suo confessionale. Quando tormenti e pesanti peccati mi tormentavano, lui mi riportava alla giusta dimensione, riconducendo all'essenziale la nostra condotta, di bambini, davanti al Padre».

Anche se il tempo passa e le parti si invertono: ora è lui a vegliare sul parroco che si incurva avviandosi sulla china. «Don Dino passeggiava lungo la via piana, con il passo che con gli anni restava fermo, ma, si vedeva, perdeva vigore. Mi dispiaceva vederlo malato e bisognoso dei miei servizi di medico. Avrei voluto restituirgli la tenerezza che mi trasfondeva quando ero ragazzo. Ora era lui il fragile e vulnerabile, e mi sforzavo di parlargli con la stessa voce pacata e calda che lui usava con me, tanti anni prima. Una notte corsi al suo letto, era difficile che chiamasse, per non disturbare, sapevo quindi che stava male. Si è scusato per tutto il tempo che sono rimasto con lui. Si scusava, io so di cosa. Di aver "fatto rumore", di aver attirato l'attenzione su di sé, di aver posto lui, don Dino, al centro. Sono certo, era questo che lui di meno voleva fare».

Quando l'anziano parroco se ne va, in silenzio, Carlo è già rientrato in Vietnam, non prima però di avergli fatto l'ultima visita: «Mi spiace non mi abbia riconosciuto questa estate. Ci contavo che almeno una ultima volta mi prendesse la mano e mi chiedesse "Carletto, come va? Cosa fai ora? Dove sei?" e commentasse con esclamazioni di bambino le mie risposte: bene, bene, bravo... Mi spiace non essere stato lì al suo funerale. Avrei voluto che risentisse la musica di quell'organo, un'ultima volta suonato da Carletto per don Dino. Avrei voluto che le calde note restituissero a lui la dolcezza ricevuta per anni. Era una questione di gratitudine».

In paese era solo Carletto

«Peccato – sospira don Mariano –, l'abbiamo sfruttato poco...». Nel senso che in fondo anche Castelplanio si è accorta di chi aveva generato quando ormai l'aveva perso. In paese si sapeva che era laggiù, in Vietnam, o prima ancora che era a Macerata tra i malati di Aids, ma lo stesso Urbani, che nelle grandi assemblee internazionali brillava per l'oratoria, tra i compaesani era schivo, semplicemente era rimasto il Carletto di sempre, non si proponeva e a fatica accettava di essere protagonista ogni volta che al suo ritorno da qualche missione il parroco organizzava una serata con il pubblico. Allora raccontava alla sua gente ciò che aveva visto, porgendo la verità con un linguaggio accessibile a chiunque. Soprattutto era abile nel rivolgersi ai bambini.

«L'ultima volta che ho visto Carlo a messa è stato la notte di Natale, poco prima che ripartisse per il Vietnam», mi ha detto don Mariano. «Quando l'ho visto lì in chiesa tra gli altri fedeli ho ricordato le sue parole e non ho potuto trattenere una considerazione davanti al Bambino che vive in tanti bambini. Immaginavo come quei troppi figli che muoiono senza medicine alzassero gli occhi e tendessero le mani ai capi delle nazioni e ai ricchi delle multinazionali, e avrei voluto che toccassero il loro cuore prigioniero di interessi economici. Era lui, dunque, con la sua presenza lì, che mi aveva suggerito l'omelia... Il suo ritorno era ogni volta una grande festa per molti di noi. Lo aspettavamo sempre, il suo ritorno...».

Così eccezionale da essere un uomo solo

«Ciao, Carlo, questa volta sei tornato e non ti aspettavamo...». Con queste parole invece doveva cominciare l'omelia funebre di don Mariano il 2 aprile 2003. «Sei venuto e hai avuto tutti gli occhi addosso, come a te certamente non piaceva...».

Don Mariano è stato uno dei pochi ad aver saputo della malattia di Urbani prima del decesso: Cristiana, la sorella di Carlo, era venuta un giorno a chiedergli di pregare per lui, che era grave. Poi la madre di Giuliana gli aveva rivelato che si trattava «di quella nuova malattia di cui si parla». Infine il sabato 29 marzo, alle 8 del mattino, la notizia che era morto. «Invece di inviare i suoi medici, si era esposto in prima persona: ma questo è Carlo, non mandava mai avanti un altro».

È marchigiano, don Mariano Piccotti, ruspante e forte. Ma il dolore della perdita gli si legge chiaro in faccia: ricordando Carlo pensa anzitutto all'umiltà. «Non credere che noi medici sappiamo molte cose della fede – gli diceva Urbani –: abbiamo bisogno di scoprire l'essenziale, noi, della fede…». Eppure era un uomo dalle vaste conoscenze: «Il suo tratto più caratteristico era quello dell'interiorità – continua don Mariano –, che lo portava a cercare il cuore delle cose. E dopo l'interiorità arrivava l'esigenza della traduzione in vita vissuta. Eppure era spiccato in lui anche il tratto della bellezza: era musicista, fotografo, innamorato dell'arte e della natura, andava in deltaplano… Un uomo che volava alto in tutti i sensi, talmente alto che a volte si trovava solo, completamente solo. Ed è in quei momenti che ad affiancarlo arrivava suor Anna Maria, la sua compagna in spiritualità».

La comunione dei santi

Anche suor Anna Maria, che conosceremo più avanti, per molti giorni non seppe ciò che succedeva all'amico Carlo, morente in una sala di rianimazione di Bangkok: per un'assurda serie di circostanze le e-mail che Giuliana le inviava angosciata dall'Oriente non arrivavano a destinazione. Quando alla fine venne a sapere che l'amico fraterno era gravemente malato, dall'eremo in Toscana gli rivolgeva il suo pensiero costante, gli era più vicina che mai con la preghiera, gli chiedeva di farcela. Il 29 marzo anche a lei la notizia della morte. È del giorno dopo la sua ultima lettera a Carlo: «Sono certa che durante il tuo giacere sul letto del dolore mi hai chiamata. L'ho percepito nel mio cuore e voglio sperare che anche tu hai avvertito la mia risposta».

«È vero – commenta don Mariano –, anche per me è stato così: è quella che noi cristiani chiamiamo la "comunione dei santi", quella profonda sintonia spirituale che si realizza tra credenti. Lui era solo, nel momento del trapasso, ma lì per grazia di Dio c'eravamo tutti: in Cristo morto e risorto siamo uno».

La madre: «Carlo c'è. È nato in questa casa»

Il ripido viottolo in discesa nel cuore del paese porta a un grande edificio antico, in pietra, una di quelle solide case marchigiane che conservano il profumo del tempo e delle tante generazioni che in quelle stanze hanno consumato la loro vita. La facciata, assieme alla chiesa abbandonata del Santo Crocefisso e al centro di spiritualità delle suore Adoratrici del Sangue di Cristo, crea una piccola piazzetta, quasi intima, come se quel breve spazio tra casa, chiesa e convento non c'entrasse col resto del paese. Come se per entrarvi si dovesse già chiedere permesso.

Ma il retro – e anche questo è tipico di certe case marchigiane – si spalanca improvviso sull'immensa vallata inondata di luce e colori: un mare di colli a perdita d'occhio, sul verde dei quali spiccano i grandi fazzoletti gialli dei campi arati. È la Vallesina. Riempie i polmoni e lascia senza fiato. Sono i colli dell'Infinito di Leopardi.

LA SALA

Quando metto il dito sul campanello non viene nessuno ad aprirmi la porta, ma una voce ferma dall'interno mi invita ad entrare: «Venga, attenta agli scalini» (le case marchigiane riproducono anche dentro il saliscendi del paese). Penso: non è lei. A nessuna età le spalle sono mai abbastanza forti per reggere la morte di un figlio, ma a 76 anni è ancora più dura e Carlo, quando io mi presento da sua madre, riposa al cimitero soltanto da due mesi.

Invece è lei.

Essere sua mamma è stato facile e bellissimo

Maria Scaglione Urbani, classe 1927: arrivata a Castelplanio da Catania nel 1950 come insegnante di matematica, 43 anni nella scuola, preside fino al '93, unica donna sindaco nella storia del paese, responsabile del centro sociale, impegnata nella Pro Loco fondata un tempo dal marito e in «tutte le iniziative che possano essere utili alla mia comunità».

«Ho tre figli – esordisce senza aspettare che le faccia domande. E lo dice al presente –: Carlo, il primo, nato nel 1956, Paolo nel '59 e Cristiana nel '60. Carlo lo abbiamo aspettato tanto: è nato dopo tre anni di matrimonio, quando ormai pensavamo di non poterne avere. Poi in tre anni e mezzo sono arrivati tutti e tre. E ho otto nipoti: Tommaso ha sedici anni, è il più grande».

Nel lungo corridoio che ci porta in sala la libreria conserva i dischi e i libri tra cui Carlo è cresciuto, c'è anche «La Scala d'Oro», la collana per bambini che ha fatto sognare intere generazioni («ci sono tutti, dai sei ai quattordici anni»). Su un tavolino i portafotografia con davanti, accesa, una fiamma: non è un cero rosso, è una ampolla a petrolio in vetro colorato. Nulla di funereo, nulla indulge al lutto.

«È stato bellissimo essere la mamma di Carlo Urbani – dice subito con fierezza aristocratica di madre siciliana –. Facile e bellissimo. Tanto quanto adesso, quando mi rendo conto che non c'è più, mi sembra impossibile, una cosa irreale. E dico "quando mi rendo conto" perché Carlo era sempre in viaggio, ero abituata a immaginarlo lontano, così ancora oggi spesso mi chiedo che cosa starà facendo in questo momento laggiù in Vietnam».

Della malattia non le avevano detto nulla: chi la conosceva sapeva che sarebbe immediatamente partita per Bangkok. Le avevano spiegato che Tommaso, Luca e Maddalena tornavano in Italia perché le scuole in Vietnam erano finite. «Io mi meravigliai moltissimo: come, in aereo da soli! Tommaso sapeva tutto ma simulava. Mi diceva che suo padre era in osservazione come tanti altri medici perché era stato vicino ai malati di Sars. Era ancora il periodo in cui i giornali si occupavano solo della guerra all'Iraq, della malattia si parlava ancora poco e io non sapevo che pensare. Chiamavo spesso Giuliana a Bangkok e lei mi raccontava che Carlo non poteva ricevere telefonate dall'estero in ospedale ma che lei lo sentiva tutti i giorni e che appena dimesso mi avrebbe chiamato. Eppure negli ultimi giorni sentivo che stava succedendo qualcosa di grave. Volevo sapere, tormentavo Tommaso, povero figlio...».

Il 29 marzo al mattino presto si vide entrare in casa Paolo e Cristiana, i fratelli di Carlo: «Di colpo ho capito che era morto, prima di ogni parola. È bastato vedermeli qua...».

La nascita di Carlo

Maria Scaglione preferisce raccontare l'inizio, della sua storia di madre, non il finale tragico. Dalla parete stacca un quadro eseguito a mano dal famoso incisore Bruno da Osimo: «Era amico di mio marito, lo ha fatto per la nascita di Carlo, il 19 ottobre del 1956». Rappresenta un veliero che va con il vento in poppa, e una scritta: «Buona crociera / pei sereni mari / della vita».

È amara la storia letta a ritroso, quando il finale è già noto. Ma in questo momento ho di fronte la mamma di quel bimbo che è nato, non la madre del medico morto. Dalla parete di fronte mi legge ad alta voce un altro quadro di Bruno da Osimo, anzi, me lo detta: «Scriva, la prego, senta che bello...». È una poesia, *Per la nascita di Carlo Urbani nel suo primo onomastico*, e c'è un nido rappresentato. «Benedetta la Casa dell'Amore / che germoglia il virgulto della vita: / frutto vermiglio su vermiglio fiore!».

Detta i versi in piedi, lentamente, controllando quando stacco la penna dal foglio. Scandisce le parole, non salta la punteggiatura...

Il tempo a volte fa strani scherzi: di fronte ho la mamma di quel bimbo; ma anche la professoressa Scaglione.

«Da grande farò il medico»

Carlo ha avuto un'infanzia «vissuta», vivace, a Castelplanio, dove ha frequentato le elementari e le medie. Sua madre l'ha avuto come alunno in prima media. Racconta che, quando tornava a casa la sera, suo marito le chiedeva come si comportava Carlo a scuola e lei gli rispondeva che era strano: studiava, era attento, ma in classe non le rivolgeva mai la parola, nemmeno se aveva bisogno.

Finché un giorno mentre scriveva alla lavagna alle spalle ha sentito chiamare, «scusi, signora...». Era suo figlio: «È sempre stato così, non voleva privilegi». E lei non era donna da concederne: «In matematica era particolarmente bravo, e a casa mi contestava i voti che gli avevo dato in classe perché prendeva sempre meno dei compagni: il fatto di avere un figlio non significa agevolarlo, ma pretendere per il suo futuro».

Un futuro che come madre non dev'essere sempre stato facile da accettare: viaggi di avventura con gli amici medici fino in capo al mondo, ma anche missioni rischiose a caccia di infezioni da debellare, il continuo contatto con i pazienti colpiti da Aids a Macerata, poi le malattie infettive in Africa, in Asia... «Certo, Carlo aveva sempre grandi sogni e quando cominciavano ad avverarsi c'era la preoccupazione dei pericoli cui sarebbe andato incontro, ma soprattutto il piacere di vedere la forza con cui li realizzava». Fin da bambino l'aveva avvertita: «Da grande farò il medico», sempre con il pallino delle malattie tropicali. «Appena ragazzo ha iniziato a orientare le sue vacanze alla conoscenza delle situazioni più disgraziate nel mondo, laddove nessuno portava soccorso – ricorda la madre –. Ma anche qui a Castelplanio i suoi progetti erano trascinanti. Con i ragazzi del paese ha creato un'Accademia della cucina, allenava le ragazze della pallavolo, portava qui in vacanza gli handicappati di altre contrade durante l'estate quando le scuole erano chiuse: io come preside gli davo le aule, lui con gli amici si occupava dell'assistenza, noi del paese cucinavamo per tutti... Sì, tener dietro a un figlio così poteva dare delle preoccupazioni, ma soprattutto tanto orgoglio. E io avevo a fianco un marito che mi dava sicurezza».

L'avventura nel Dna

Intorno a noi, sui mobili della sala, alle pareti, tutto parla di Carlo. Foto, ricordi di quando è nato, souvenir mandati dall'Oriente. E decine di elefanti piccoli o grandi che da ogni parte del mondo inviava alla madre: «L'elefante è il simbolo della mia Catania», spiega.

Restiamo entrambe in silenzio: davanti a noi una grande foto di Carlo che ci fissa e sorride. Per qualche istante Maria è perfino serena: «Carlo c'è. È nato in questa casa, è cresciuto qui, mi ha sempre resa partecipe di ogni istante della sua crescita... Rivedo spesso il sorriso intelligente con cui mi metteva a parte di un nuovo progetto: sapeva che lo capivo...».

Anche perché se Carlo era così lo doveva in parte alla famiglia in cui era nato. Il padre Alberto era capitano di lungo corso e docente all'Istituto nautico di Ancona, poi, dopo la pensione, fu chiamato dall'Agip: gli chiesero se voleva partire per l'Africa e tenere un corso di navigazione ai congolesi. «Naturalmente ci sono andata anch'io. Avventurosi noi? No, non direi. Semmai capaci di uscire dagli orizzonti limitati», dice Maria Scaglione. Che a settant'anni passati e già vedova non ha esitato a prendere l'aereo e andare prima in Cambogia, poi in Vietnam da Carlo e Giuliana: «Dovevo farlo: volevo sapere dove pensarli», mormora. Non piange mai ma spesso mentre racconta guarda in un punto lontano, fissa ricordi inespressi, sorride da sola con infinita tristezza.

«Siamo stati uniti nella gioia. Oggi lo siamo di nuovo per reggere il dolore».

«È morto lasciando un messaggio»

Maria Scaglione sa di aver in parte forgiato lei quel figlio poi perduto, crescendolo «in una visione cristiana della vita, attenta al prossimo». E allora è impossibile non farle una domanda crudele, ora che proprio da questa abnegazione di cui va fiera suo figlio è stato ucciso: non ha mai maledetto, neppure per un attimo, la passione di Carlo per il prossimo? Non ha mai desiderato che fosse stato più egoista? «No. Perché i valori sono valori».

Darebbe la sua vita per tornare indietro e riavere quel figlio, ma non ha dubbi: bisogna sempre guardare al domani di una società che si auspica più attenta ai bisogni di tutti, e per questo qualcuno deve anche sacrificarsi. Ognuno dà quello che può, non tutti possono mirare alle stesse aspirazioni – dice –, ma quel che

Il giovane Carlo Urbani, ancora studente, negli anni '70 organizzava a Castelplanio le vacanze estive per i disabili. Erano le sue prime esperienze di volontariato, nelle quali coinvolgeva buona parte della comunità, in particolare i giovani del paese.

È il 1981: il giorno della laurea all'università di Ancona.

Alla fine degli anni '80 Urbani inizia a viaggiare in Africa, portando spesso con sé alcuni colleghi. Sono spedizioni «turistiche», durante le quali approfitta per condurre il gruppo di medici nelle zone più colpite da povertà e malattie. È l'occasione anche per portare medicinali alle popolazioni e visitare gli umili laboratori sanitari locali.

In Mauritania (fine anni '80).

In Mauritania, dove si recò nel 1993 come consulente dell'Oms, Urbani creò un ponte di solidarietà tra le scuole locali e quelle del suo paesino nelle Marche: un gemellaggio che durò finché non si trasferì in Cambogia e che diede vita a numerose iniziative sia in Mauritania che a Castelplanio.

Anche in Cambogia, dove visse un anno con la famiglia (1996-97) come inviato di Medici senza frontiere per la cura delle gravi infezioni intestinali dei bambini, Urbani qualche volta trovava il tempo per la sua passione: il deltaplano.

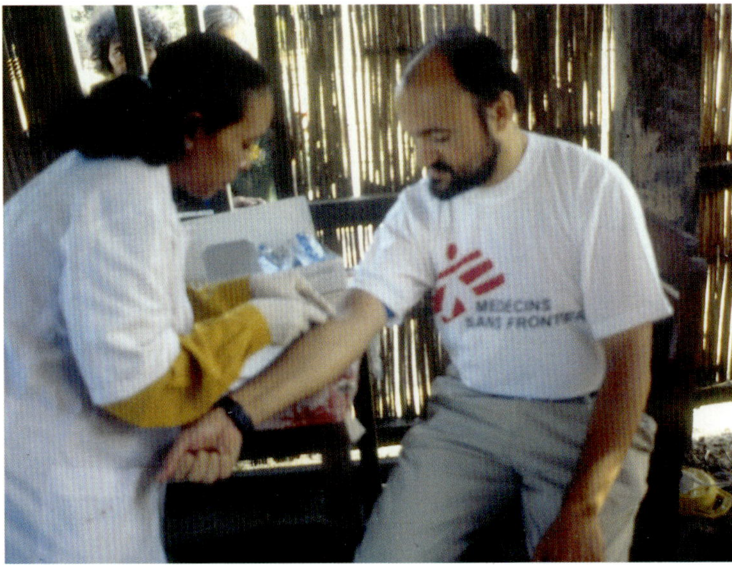

A Sdau, in Cambogia, il medico senza frontiere Urbani insegna a un'infermiera del posto come si fanno le analisi. È il 1996.

Cambogia, 1997: il Paese è dilaniato dalla guerra civile e dalla violenza dei Khmer Rossi. Urbani è impegnato non solo sul fronte sanitario, ma anche nello sforzo di ricostruire il tessuto sociale e la voglia di vivere nella gente. Ma qui è a Sianuk Ville con Tommaso e Luca, in un raro momento di vacanza.

È il 1999 e Urbani, presidente di Medici senza frontiere Italia, è in delegazione a Oslo a ritirare il Premio Nobel per la Pace (per l'occasione indossa lo smoking preso in affitto). Qui è accanto alla rappresentante giapponese dell'organizzazione internazionale.

È il Natale del 2001. L'amico medico Enzo Falcone (primo a destra) e Carlo festeggiano in casa Urbani, ad Hanoi (Vietnam).

Hanoi (Vietnam), 2002: la moto è l'altra passione di Urbani, dopo il deltaplano.

29 giugno 2002, Jesi (Ancona): Urbani riceve dalle mani di Michele Mirabella il Premio Vallesina, «per il suo impegno nel sociale». A quest'epoca vive già da due anni in Vietnam, con la moglie Giuliana e i loro tre figli, come coordinatore dell'Oms per il Pacifico Occidentale.

Urbani, secondo dal basso, nel 2002 a Ginevra, nella sede dell'Organizzazione mondiale della Sanità.

È il 2003, l'anno in cui Urbani morirà di Sars (il 29 marzo). Qui ha portato la famiglia tra le risaie di Sapà, nel nord del Vietnam, una zona montuosa ai confini con la Cina. Il suo scopo è far conoscere ai figli la cultura e gli usi delle minoranze etniche che vivono nella zona.

Ancora a Sapà (Vietnam) nel 2003, con Luca, 7 anni, il secondogenito.

L'incontro di Maddalena, 2 anni e mezzo, con un bambino di Sapà (Vietnam). È una delle ultime immagini di Urbani, ripreso mentre si occupa della vera passione di tutta la sua vita: i figli. Voleva che crescessero «consapevoli dei grandi orizzonti che li circondano». Desiderava «vederli crescere inseguendo sogni apparentemente irraggiungibili, come ho fatto io».

conta è che ciascuno dia il suo contributo. E che lasci un segnale per chi verrà dopo: «Ascolti me, nella vita si muore anche per cause inattese, del tutto indipendenti dalle nostre scelte, e senza lasciare messaggi. Mio figlio invece se n'è andato troppo presto, certo, ma ha sottolineato davanti agli occhi del mondo valori che non dimenticheremo... Voi giornalisti date le notizie solo se sono cattive: questa volta siete stati costretti a stupirvi anche voi e a riempire le pagine di un gesto immenso».

È sempre stata una donna d'acciaio, Maria Scaglione. Ora è una quercia ferita. Non ammette che la disperazione la schiacci e per questo nei pochi momenti in cui si spezza non ci sono parole da dire, c'è solo da ascoltarla in silenzio: "Prima ero attiva, non ero mai in casa, facevo mille cose, ma da quando Carlo è morto non mi sento l'energia e l'entusiasmo che mi tenevano in vita". Se non si è arresa lo deve a una fede senza cedimenti: "L'assoluta fiducia in Dio mi ha sempre accompagnato nella vita. Non ha vacillato nemmeno quando ho saputo che si era preso mio figlio, anche se penso sia umano chiedersi perché. Gliel'ho chiesto tante volte... Si sa che la risposta non deve arrivare".

IL TERRAZZO

La penombra intima della sala contrasta con la luce che si intravede accecante al di là di una porta lasciata aperta: è il grande terrazzo affacciato sulla Vallesina.

Un glicine decennale a pergolato gli fa da tetto e un lungo tavolo lascia indovinare vocio di gente, rumore di posate e bicchieri, feste di benvenuto o di partenze. Ma in questo momento c'è solo l'immensa pace della Vallesina, che si estende a perdita d'occhio sotto di noi. Nessun rumore arriva quassù, mentre lo sguardo non incontra ostacoli fino all'orizzonte, in un mare di verdi colline ognuna con il suo borgo in cima.

Il deltaplano: «Gli piaceva guardarci dall'alto»

«È la parte di casa che amava di più». Non c'era dubbio. «Gli piaceva questo terrazzo, questo enorme glicine...». Per un uomo che inseguiva «grandi orizzonti» e «sogni apparentemente irraggiungibili» doveva essere il punto di partenza, la rampa di lancio dei suoi pensieri. «Forse è per questo che volava con il deltaplano – medita quasi tra sé la madre –. Carlo era vivace, generoso, non uno da scrivania, ma non un coraggioso: forse il deltaplano era il suo desiderio di guardarci dall'alto, noi, il paese, chissà. Passava sopra casa, si abbassava un po' e salutava con la mano. Ogni volta così...». Di nuovo restiamo in silenzio mentre scruta il cielo.

«Qualcuno ha addirittura detto che Carlo dovrebbe essere beatificato – dice all'improvviso uscendo dai suoi pensieri – ma non è vero. Io penso che mio figlio è mio figlio, e che la sua vita è stata tutta un costruire messaggi per saper guardare il mondo con prospettive più vaste, come quando volava. Solo questo mi interessa! La sua morte è servita a far parlare delle grandi ingiustizie contro cui combatteva la sua guerra: valori che ora devono rimanere in vita, assorbiti da altri come lui, per una società umana più equa verso le persone bisognose del mondo». Proprio quello che Carlo voleva dai suoi figli: «Era un padre allegro, ironico, specie con Tommaso con cui ha potuto passare più tempo, fermo nei principi ma affettuoso, che trattava i figli con lo sguardo rivolto verso il futuro. Ogni sua azione era tesa a formarli come li desiderava... Ora Tommaso vuole fare il medico, chissà. Maddalena ha solo tre anni ma ha la stessa vivacità del padre: a volte parla di lui, lei sa che è lontano, o forse dentro di sé si rende conto, non so. Spero che le rimanga almeno un ricordo».

La visita è finita, almeno nelle intenzioni. Ma con il passare delle ore si diventa un po' di famiglia e la signora prende una decisione che prima aveva escluso: "In cucina non la faccio entrare", aveva detto. Ora, mentre sto per uscire, mi trattiene: "E la cucina? Adesso può...". E capisco il perché del primo rifiuto: è lì che tutte le sere Maria si siede al tavolo, lo scatolone dei ricordi aperto, e sfoglia a ritroso la sua avventura di madre.

LA CUCINA

«Ecco, mi aiuti lei, facciamolo insieme…». Sul tavolo la scatola: «La sera mi metto qua e un po' per volta tiro fuori quello che contiene, ma ci sono tante di quelle cose, ancora! Non so più dove mettere le mani».

Tutta la vita in una scatola

Non ci sono solo ricordi di Carlo, c'è tutta la storia della famiglia: «Avevo iniziato questo lavoro con l'intenzione di separare le cose di Carlo dalle altre, ma ora non capisco più perché dovrei: mio figlio c'è, è con me, gli parlo sempre, al cimitero vado quando so che non troverò nessuno ma non penso che lui sia lì».

Però è inevitabile: tutto ciò che è di Carlo richiama la nostra attenzione. E resta separato dal resto.

Anche sui mobili intorno al tavolo lettere, oggetti e fotografie sono stati divisi secondo un ordine che solo lei sa ricostruire: «Mi scusi il disordine… Ma no, perché dovrei vergognarmi? Questa è la mia vita». Poco più in là tre libroni di fiabe: «Erano di Carlo, ora li darò a Giuliana perché li legga a Maddalena».

È strano: nella stanza in cui potrebbe esplodere il dolore di quanto si è perduto, prevale la gioia di averlo comunque avuto. «Questo è Carlo a pochi mesi. Vede? La stessa espressione che ha adesso». Ed è vero, non è illusione di madre, lo sguardo è identico.

«Sono nato alle ore 13.15 il 19 ottobre 1956 a Castelplanio, via Sabatucci 9, da papà Alberto e mamma Maria…»: inizia così il libretto che si compilava alla nascita di un figlio. Sotto, i nomi dei quattro nonni: una mano ha aggiunto «fu» man mano che l'età se li portava via. In prima pagina una strofa: «Sono un bimbo, un foglio bianco / su cui scrivono le stelle».

La grafia limpida, da professoressa di un tempo, appuntava tutto meticolosamente. «Il mio primo Natale è stato tanto bello e mamma per la prima volta non ha pianto al pensiero della sua lontana Sicilia. Papà ha comperato un piccolo abete che ora sta in giardino...».

Legge ad alta voce, la signora Maria, e sorride emozionata. È evidente: in certi momenti non pensa che Carlo sia morto, pensa sia ancora in Vietnam e prima o poi tornerà.

All'inizio sceglie lei che cosa mostrarmi, poi si affida del tutto: «Apra questa busta, mi dica che cos'è, per favore...». È un biglietto di Natale. Fuori le case, la neve, un cavallo che traina la carrozza, la polvere d'argento. Dentro la scrittura minuta di un bambino:

Carissimi genitori,
Anche quest'anno è giunta la festa del Santo Natale
e io vi faccio i più sentiti auguri, vi prometto
di essere buono a scuola e farò tutto il possibile
per essere promosso in quinta classe con buoni voti,
durante l'anno sono stato un po' capriccioso,
qualche volta ho bisticciato con i miei fratellini
ma vi prometto che sarò più buono.
Io vi voglio molto bene perché fate molti sacrifici per me
e per i miei fratellini.
Pregherò Gesù bambino che vi faccia vivere molti anni
accanto a me che vi amo tanto.
Vostro figlio Carlo.

«Non pensavo che dovessero diventare famose un giorno queste cose...».

Si riprende a «scavare» nello scatolone ed escono pezzi di vita: la prima ciocca di capelli tagliata, foto bianco e nero, e poi tutte in blocco le pagelle. «Le legga, per favore». Eseguo, le due teste accanto a guardare i voti. Io declamo («Religione otto, Comportamento ed educazione morale e civile nove, Lettura, scrittura ed altre attività espressive otto, Aritmetica e geometria otto...»), lei annuisce a ogni voce, gonfia di orgoglio. Viene da pensare che quel giorno, il 22 giugno del 1963, quando la portò a casa da firmare, fece lo stesso. In quella stessa cucina, quarant'anni fa.

Carlo era in prima elementare.

L'ultimo Natale

Con gli oggetti riaffiorano anche i ricordi. Ha qualche rimpianto – le chiedo – qualche cosa che non ha fatto o detto? «No, nessuno». Poi ci ripensa: «Era il suo primo giorno di scuola, iniziava le elementari. È uscito di casa con il grembiule e un gran fiocco sul davanti. Al ritorno mi ha sgridata: era l'unico bambino non accompagnato dalla mamma. Ma in fondo era anche fiero di essersi arrangiato da solo».

Gli anni passano e le foto diventano a colori. C'è Carlo studente, Carlo con gli handicappati che spinge le carrozzine, Carlo laureato, Carlo medico, la Cambogia, il Vietnam, la famiglia, il Natale 2002 a Castelplanio: è stata l'ultima volta che l'ha visto, tre mesi prima che morisse. Fuori ormai è buio, sono passate tante ore, ma siamo ancora sedute al tavolo di cucina. Erano tanti Natali che non veniva in Italia. «La notte del 25 dicembre e a Capodanno i miei figli e i nipoti si sono radunati tutti qui da me. È stata una bella festa. Tommaso ha preso il saxofono, suo padre si è seduto al piano e hanno suonato insieme. Nel caminetto qui in cucina cuoceva il capitone. È stata l'ultima volta che ho acceso il fuoco».

Dopo due giorni il ritorno in Vietnam e l'ultimo saluto. Un istante rimasto impresso con nitidezza. Carlo, Giuliana e i tre figli seduti in macchina, Maria sul portone di casa: come sempre faceva, non gli ha augurato buon viaggio ma «mi raccomando, pensa anche a te stesso». Da anni, ogni volta che partiva, lo salutava così, perché sapeva che dava tutte le sue forze agli altri.

`Sono uscita da casa Urbani a Castelplanio con negli occhi l'immagine di quel camino spento, sbarrato con una paratia in legno. Ma voglio` chiudere con l'appello più forte di questa madre: "Carlo è morto indicando la via per un mondo più attento ai bisogni di tutti. Ora dobbiamo raccoglierlo, ognuno per quanto può. Quello che conta è che ciascuno dia il suo contributo. Carlo Urbani possiamo esserlo tutti, anche stando a casa".

Suor Anna Maria: «L'eroismo della coerenza»

La persona che più a fondo ha conosciuto Carlo Urbani è suor Anna Maria Vissani, l'amica con cui ha condiviso tante esperienze di lavoro e di vita, prima a Castelplanio, poi, quando lei si è ritirata in un eremo in Toscana, attraverso un ricco scambio epistolare. A lei si apriva senza remore o pudori, mettendo a nudo aspirazioni ma anche timori, ambizioni e delusioni a volte cocenti. Lo sguardo di suor Anna Maria è quello leale dell'amica, che valuta e racconta virtù e difetti.

Carlo Urbani: chi era? Come descrivi un uomo che a te apriva il suo animo anche nelle pieghe più intime, «nascoste» a chiunque altro?

«Per me all'inizio è stato un collaboratore, un medico che con molta semplicità ha condiviso l'educazione dei ragazzi: l'ho conosciuto negli anni 1984-85, all'interno di un'équipe per l'educazione sessuale nelle scuole statali, legata al consultorio "La famiglia" della diocesi di Jesi.

È diventato poi il mio medico quando nel 1986 sono arrivata a Castelplanio per fondare un centro di spiritualità la cui casa era proprio di fianco alla sua. Queste opportunità ci hanno regalato diversi momenti di dialogo, c'è stata subito reciproca fiducia e stima.

Solo dopo alcuni anni, durante un difficile tempo di prova vissuto in famiglia, Carlo ha iniziato con me un cammino di confidenza profonda e di apertura della sua vita e del suo intimo. Da allora sono stata per lui "la consigliera spirituale".

Era un uomo sincero e radicale nelle sue scelte, anche quelle che facevano della famiglia "la sua passione". Soffriva di dover sacrificare spesso gli affetti familiari e il tempo da dedicarvi per l'estesa missione che doveva portare a compimento come medico: non ammetteva mezze misure nelle relazioni come nel lavoro. Anche dalla sua famiglia esigeva molto. Chiedeva sincerità e correttezza di vita, attenzione a valori forti e duraturi: la fedeltà, l'amore, l'apertura al sociale, l'attenzione agli altri, la cultura. Si aspettava da coloro che gli vivevano vicino il superamento delle futilità e di tutto ciò che aveva il sapore dello spreco e della perdita di tempo. Viveva come uno cui non bastavano le ore per fare tutto ciò che doveva e voleva: non sopportava chiacchiere inutili e il "volare basso".

La sua passione per il deltaplano testimonia questa profonda aspirazione a volare e guardare il mondo dall'alto per amarlo nella sua complessità».

Era un uomo coraggioso, ma non un padre incosciente. Come valuti la sua decisione di rischiare la vita per fermare il virus sconosciuto?
«La sua morte non è stata certamente un salto nel buio o un rischio cercato ad ogni costo. Amava troppo la vita e stava assaporando con gioia la sua carriera. Anzi, stava proprio facendo progetti concreti: arrivare a Ginevra ai vertici dell'Oms e vivere lì con la sua famiglia... Mi ripeteva spesso di aver raggiunto l'apice dei suoi desideri: sono cresciuto inseguendo il miraggio di incarnare i sogni, e ora credo esserci riuscito... La morte molto spesso arriva come una nemica a spezzare i sogni quando sembrano così vicini o addirittura raggiunti.

Quella di Carlo, secondo me, è stata un "evento" che rimane nel mistero. Il mistero della morte stessa che porta in sé la pienezza dei desideri e il frutto di tutti i sacrifici umani e interiori! Credo, dopo averci pensato tanto, che questa sua fine terrena sia un segno dall'Alto, un piccolo faro di luce proiettato su una società piena di paure e di fughe, una società egoista e sempre più carica di scelte di morte. In questa oscurità il Signore ci "regala" dei segni concreti di luce che noi dobbiamo leggere con intelligenza e accogliere come chiamate ad andare sempre oltre i piccoli orizzonti terreni, a superare la tentazione dei "ristagni", dei futili e passeggeri "miraggi"».

Era un uomo pronto a tutto anche per il fratello più lontano e sconosciuto... Ma di solito capita che simili personaggi siano meno perfetti proprio con chi gli sta a un passo. Aveva dei difetti, Carlo Urbani?
«Li aveva, come ogni persona: difficoltà forse a rapportarsi con chi gli stava più vicino, difficoltà anche ad accettare livelli che lui riteneva bassi. Però portava con dignità la solitudine delle sue scelte e del suo alto compito e nello stesso tempo ne soffriva interiormente. Così amava la famiglia, ma non sempre riusciva ad accettare proprio le difficoltà di chi gli era accanto: avrebbe voluto che tutti lo capissero, io gli dicevo che questo è impossibile...».

Un anno fa il mondo ha esaltato la figura dell'eroe per come era morto. Credo invece che Urbani sia un eroe dei nostri giorni per tutta una vita di scelte coerenti, coraggiose, controcorrente: la sua è la Virtù costante e la morte è solo l'epilogo di una simile vita.
«È giusto. L'eroicità sta nella coerenza del quotidiano, nel saper salire la scala delle scelte e degli impegni sociali e culturali, con la capacità di gridare contro l'ingiustizia e un'economia che schiaccia i più deboli. Non credo che dobbiamo continuare a dire che Carlo non è un eroe, come per scusarci di fronte a una definizione che ci sembra troppo alta. Chi vive oggi la vita con lealtà, serietà, impegno per gli altri, e profondamente radicato nella propria interiorità, senza lasciarsi sballottare dai mille venti, è un eroe. E Carlo lo è stato».

Qual è il messaggio che ha lasciato?
«Cito ciò che mi scrisse in una lettera: "Si dice in genere che non esiste mai una situazione con il bianco ed il nero ben distinti, ma che si può trovare della ragione e del torto ovunque. Io invece continuo a credere che si possa dire questo è sbagliato o questo fa

schifo senza titubare. Occorre saper distinguere dove il Bene sta, o dove il Male si annida". Può essere questo l'insegnamento centrale di Carlo, uomo vero che rischia di persona.

Io mi porto dentro anche la sua accanita ricerca della verità nell'amore, e la grande apertura alla mondialità. Una mondialità dal sapore diverso da quella che comunemente si intende oggi: un abitare il mondo con occhi grandi e intelligenti.

Ho accolto in lui anche il coraggio, che ogni persona deve avere, di portare a pienezza la propria vocazione (umana, sociale e spirituale). Di non arrendersi di fronte alle difficoltà, riconoscendo contemporaneamente la propria fragilità. Questo nostro mondo non ci sta educando al coraggio, ma molto spesso alla violenza e a mollare la presa di fronte agli ostacoli».

Come viveva il suo rapporto con Dio?
«La fede in Dio era un dono che si portava dentro fin dalla giovinezza. Da adulto è stato sempre più un uomo che non ammetteva il fideismo e una religiosità di comodo.

Soffriva un po' per non poter partecipare a celebrazioni e momenti comunitari di preghiera nel suo viaggiare continuo. Ma recuperava questi valori cristiani nelle relazioni con i potenti, quando difendeva i deboli, quando veniva a conoscenza del loro grido e dei loro diritti negati; o nella condivisione con altre religioni, quando molto volentieri accettava di entrare in un tempio o arrivare fino in cima a una montagna per incontrare un bonzo.

Non ha mai smesso di vivere con intelligenza il suo rapporto con Gesù Cristo e con la Chiesa: desiderava una Chiesa più coraggiosa nel fare scelte a favore degli ultimi e più capace di gridare di fronte alle ingiustizie dei "poteri"».

Tu puoi tentare di immaginare che cosa pensava quando, in quel letto, prendeva coscienza di dover morire a breve. Come credi che abbia affrontato quei terribili giorni?
«Da quando appresi la notizia della sua malattia, non ho smesso notte e giorno di pregare il Signore della Vita, e di dialogare con

lui interiormente mandandogli messaggi di aiuto. Sono certa che mi ha pensato e ha ricordato alcuni nostri dialoghi che gli hanno aperto varchi di libertà e di eternità. Quando si è accorto di doversene andare penso che si sia abbandonato alla morte con molta coscienza e tanta generosità, avrà affidato a Dio con forza la trepidazione e il distacco dalla sua famiglia.

Carlo era molto intelligente e vigile, per cui ha avuto modo di prepararsi e di affidarsi a quel Dio che spesso nominava e portava in cuore come il Tu che lo salvava in ogni circostanza difficile e dolorosa. Il Signore senz'altro gli ha dato questa forza, come premio finale».

Prova a raccontare l'episodio che ricordi con più tenerezza.
«Aveva subìto una circostanza intima che lo aveva fatto soffrire: ha pianto molto con me. Ho visto in lui, in quel momento, l'uomo vero e autentico, colui che sa scendere nel più profondo di se stesso e non si vergogna della sua fragilità e del suo dolore. L'uomo adulto, secondo me, è colui che sa piangere di fronte alle difficoltà eppure nel contempo resiste con fortezza nel suo impegno educativo e sociale, nei ruoli più alti e prestigiosi come in quelli più quotidiani della famiglia.

È la tipica espressione che io amo tanto: vivere coscientemente la croce e la gioia! La vita è tutta qui. E Carlo ne ha fatto molte volte l'esperienza. Le sue lacrime mi hanno sempre molto commossa e sono state per me un dono!».

Che cosa penserebbe Carlo Urbani oggi di tutto ciò che si è detto e scritto di lui dopo la sua morte?
«È difficile dirlo. Certamente nel suo intimo sarebbe felice, perché amava essere riconosciuto e stimato. Esternamente forse si "ribellerebbe", reagirebbe con ironia. Carlo era fatto così. Ma se tutto questo alla fine servisse per gridare ancora ai potenti l'urgenza di fare giustizia e difendere i diritti dei più deboli, ne esulterebbe di gioia».

Parte seconda

IL MEDICO

In Cambogia, all'indomani del colpo di stato del 1997, cercavamo di rimettere in funzione gli ospedali della capitale per prestare soccorso alle vittime degli scontri a fuoco. Tutto il personale sanitario era scappato per trovare rifugio. Capii che la mia presenza era diventata fondamentale il giorno in cui convinsi il direttore di un ospedale a riprendere il suo posto in cambio della mia vicinanza fisica per tutto il giorno. Questo bastò per farlo sentire al sicuro!

Carlo Urbani

Urbani e la Sars: la tragedia in diretta

Da un punto di vista strettamente professionale, l'incontro tra Urbani e la Sars all'ospedale francese di Hanoi è forse l'evento più drammatico in tutta la sua vita di medico. Di quei primi giorni, quando studiando il paziente Chen gradatamente si rendeva conto di trovarsi di fronte a un flagello di dimensioni mondiali, restano le e-mail che Urbani notte e giorno inviava allo staff dell'Oms: messaggi concitati, spesso angosciati, che trasmettono nella loro concisione tutto il pathos di quelle ore. Sono documenti che raccontano «in diretta» l'incontro con la malattia, la corsa contro il tempo per arginare il contagio già dilagante tra medici e infermieri terrorizzati, la disperazione di fronte all'indifferenza delle autorità vietnamite, e l'esigenza di allertare al più presto il mondo intero. Sono brevi lettere da cui risalta oggi, a posteriori, la tensione con cui Urbani ha vissuto l'*escalation* della tragedia, ma anche la prontezza con cui ha fronteggiato l'emergenza.

Infine il silenzio: quando ormai anche Carlo era contagiato.

Martedì 4 marzo 2003, mattino

«Le condizioni del paziente peggiorano, il suo PO2 è al 50% sotto ventilazione meccanica: lo abbiamo sottoposto a tracheotomia alcune ore fa…». Urbani da cinque giorni segue mister Chen. Il paziente ormai versa in condizioni disperate e il medico cerca di ricostruire le possibili cause della malattia e la provenienza dell'uomo: «Sono nell'attesa di informazioni sui movimenti del paziente nei giorni precedenti all'esordio dei sintomi. In particolare ho chiesto se avesse frequentato i servizi sanitari di Hong Kong o se avesse viaggiato nelle province cinesi di Guangdong e Fujian». Da giorni infatti arrivano voci di una strana epidemia in quella zona e l'intuito di Urbani lo ha già messo sulla giusta strada.

Oggi è noto che mister Chen prima di arrivare ad Hanoi aveva soggiornato all'hotel Metropole di Hong Kong, proprio il luogo da cui partì la catena dei contagi. In quell'hotel, infatti, oltre a Chen soggiornava anche un cinese del Guangdong: l'uomo infettò duecento clienti del Metropole, che a loro volta ripartirono per varie parti del mondo portando il virus ad Hanoi, Singapore, Canada, Bangkok e in vari ospedali di Hong Kong.

«Ho inviato campioni organici a Tokyo e ad Atlanta, arriveranno a destinazione tra 2 o 3 giorni – continua Urbani –. Il rapporto medico del mattino sarà faxato tutti i giorni al mio ufficio e saremo informati su qualsiasi sviluppo». L'allerta, insomma, è massima.

Stesso giorno, pomeriggio

«Il paziente J. Chen, maschio, 48 anni, sarà trasferito oggi pomeriggio al reparto Malattie infettive dell'ospedale Principessa Margaret di Hong Kong. Un aereo attrezzato con unità di terapia intensiva è in volo da Singapore ad Hanoi per l'evacuazione del paziente». Così vuole la famiglia, che abita a Hong Kong. Secondo i medici le sue condizioni cliniche sono stabili e un certo ottimismo deriva dal fatto che si è notato in lui un leggero miglioramento. «Ma per me questo potrebbe derivare dal trattamento in corso e dalla ventilazione meccanica», sospetta Urbani, e ha ragione. «La febbre è ancora a 39 e ho notato un aumento considerevole del cuore nella radiografia dei polmoni. Chen è ancora sotto anestesia generale e una vasta terapia di antibiotici. Respira grazie alla tracheotomia».

Intanto nello stesso ospedale di Hanoi la situazione si fa sempre più grave: «Confermo che ci sono 7 casi tra lo staff medico sanitario che ha assistito il paziente dal giorno della sua entrata –

scrive Urbani all'Oms, evidenziando la frase per rendere l'urgenza –. Tutti hanno febbre alta, dolori, mal di testa, ma ancora nessun sintomo respiratorio». A questo punto diventa prioritario occuparsi della prevenzione per il personale: ordina di lavarsi sempre le mani, disinfettare tutto ciò che è entrato in contatto con il paziente, indossare maschere e protezioni agli occhi. «Le misure adottate finora mi sembrano insufficienti – denuncia –. Per favore, consigliatemi qualsiasi altra misura aggiuntiva dovrebbe essere presa».

Venerdì 6 marzo 2003, sera

Chen, il paziente «index» (come in gergo si chiama il primo anello della catena da cui si è diramato un contagio, *nda*), è stato trasferito a Hong Kong. Ormai è chiaro che si tratta di qualcosa di grave e incontrollabile: «Le autorità di Singapore hanno negato l'autorizzazione per il volo di ritorno del loro aereo, che quindi è fermo a Hong Kong con tutto l'equipaggio». Intanto nell'ospedale francese di Hanoi l'epidemia aumenta: «In totale 19 infermieri e 3 dottori hanno avuto contatto con il paziente index». Sei sono già ricoverati, gli altri aspettano con terrore di veder comparire i sintomi. «Ormai l'ospedale sta affrontando grandi problemi a causa della mancanza di staff e del crescente allarme tra i dipendenti. Ho suggerito la riduzione delle accettazioni e ho provato a rassicurare il personale. Per la profilassi ho ordinato in Australia 40 dosi di medicinale che dovrebbero arrivare settimana prossima».

Mentre i tamponi di saliva del malato vengono inviati nei maggiori laboratori del mondo per essere studiati, Urbani è preoccupato per una possibile diffusione al di fuori dell'ospedale: «Il paziente all'arrivo ad Hanoi è rimasto 3 giorni in un hotel nonostante il peggioramento dei sintomi, e ha lavorato nell'ufficio della sua società, a contatto con i dipendenti». Due di loro ora hanno febbre alta, dolori, mal di testa, tosse. Sono i sintomi che ben presto il mondo intero dovrà riconoscere con immediatezza in chiunque sbarchi da un aereo.

Sabato 7 marzo 2003, ore 14

I toni di Urbani sono agitati: «L'escalation è aumentata. Questa mattina ho raccomandato di ISOLARE il primo piano dell'ospedale francese. I pazienti con altre malattie saranno evacuati agli altri piani o ad altri ospedali». Ormai è chiaro che le misure di prevenzione che erano state applicate prima dell'arrivo di Urbani non bastano più. Tra poco ospedali, hotel, scuole e interi condomìni in molte parti del mondo saranno messi in quarantena, con gli occupanti «imprigionati» dentro e il divieto di uscire. Ma per ora Urbani è l'unico ad avere ben chiara la situazione ed è drammaticamente solo nella sua consapevolezza. «Ho discusso con la direzione le misure necessarie: le guardie sono state messe all'entrata del primo piano. Questo pomeriggio avrò un incontro al Ministero della Sanità vietnamita: chiederò un rinforzo per l'ospedale francese, visto che lo staff ricoverato è più numeroso ormai degli infermieri ancora abili al lavoro».

Intanto si fa strada un'inquietante necessità ormai non più prorogabile: informare i media e l'umanità tutta, senza diffondere il panico. «Noi dell'Oms probabilmente saremo avvicinati dai giornalisti perché la notizia si sta diffondendo. Credo proprio che dovremo discutere l'opportunità di fare un comunicato ufficiale. Chiedo assistenza tecnica».

Stesso giorno, un'ora e mezza dopo

La situazione precipita: «Ci sono adesso 12 membri dello staff ricoverati, tutti hanno avuto esposizione diretta alle secrezioni respiratorie del paziente index». Altri infermieri hanno la febbre alta ma non sono stati ricoverati. Urbani fa fronte alla situazione a 360 gradi, continua a inviare all'estero i campioni da analizzare, a chiedere l'arrivo di esperti che però per problemi burocratici legati alla concessione dei visti ritardano, nel frattempo fa opera di persuasione presso le autorità locali: «Al ministero ho suggerito l'immediata creazione di una Task Force e la preparazione di un piano d'emergenza che includa l'identificazione di un luogo per la quarantena ad Hanoi». Intanto prepara una bozza di comunicato ufficiale per rendere nota al mondo l'epidemia: non c'è più tempo da perdere e ci lavora giorno e notte.

Da venerdì 7 a sabato 8 marzo 2003, notte fonda

La questione è delicata e tra Urbani e l'Oms c'è un fitto scambio di e-mail su come formulare il comunicato. Urbani è in dubbio se rivelare il nome dell'ospedale: «Potremmo creare del panico tra gli utenti, quasi tutti appartenenti alla comunità internazionale di Hanoi. Ho suggerito che anche l'ospedale dovrebbe fare un comunicato: comunque non possono mantenere il segreto su quanto succede!». È attento anche alle strategie: «Sarebbe meglio che il ministero della Sanità vietnamita divulgasse il comunicato per primo, e solo poi arrivasse quello dell'Oms: questa sequenza rinforzerebbe la credibilità del ministero, cosa importante nel caso di un'eventuale diffusione dell'epidemia».

Alla fine ecco la bozza del testo, sofferta, pensata in modo da rendere tutta la gravità, pur senza diffondere allarmismi: «Dodici componenti dello staff medico dell'ospedale... sono stati ricoverati con febbre alta, mialgia e sintomi respiratori. Risulta che altri due casi con sintomi simili ricevano cure domestiche. Un paziente con polmonite acuta, arrivato ad Hanoi da Hong Kong, è stato ammesso nello stesso ospedale il 26 febbraio 2003: presentava i sintomi ancora prima della partenza da Hong Kong. È ragionevole sospettare che l'origine dell'epidemia tra lo staff medico sia stato il ricovero del paziente il 26 febbraio: tutte le persone infette sono state a diretto contatto con lui, e l'inizio dei sintomi si è registrato tra il terzo e il quarto giorno. Altri tre casi sono stati registrati tra i dipendenti di un ufficio dove il paziente ha lavorato per due giorni. Esami di laboratorio sono in corso, finora nessun agente di causa è stato identificato. L'Oms sta lavorando attivamente con l'ospedale e il Ministero della Sanità del Vietnam. Non ci sono motivi per raccomandare maggiori interventi di sanità pubblica, a questo stadio».

L'ultima frase è dibattuta: in realtà isolamenti preventivi sono già stati adottati, ma il punto è sempre non creare panico…

Sabato 8 marzo 2003, mattino

…Preoccupazione inutile! Al Ministero della Sanità di Hanoi non solo non c'è panico, ma al lavoro svolto da Urbani si oppone una serafica incoscienza: «Ho avuto una deludente discussione con il Direttore del reparto di Medicina preventiva – scrive sconsolato –. Ha detto che tutte le decisioni sono rinviate alla settimana prossima perché siamo nel weekend e non vede le ragioni di tanta fretta». Non solo: il funzionario ritiene che non esista il bisogno di consulenze esterne, ossia proprio di quegli esperti che Urbani attende. «Dice che quanto stiamo già facendo noi dell'Oms è più che sufficiente e ci ringrazia».

Anche la task force e il comunicato per la stampa sono questioni rinviate, «ma dalla mia esperienza quando loro dicono settimana prossima non significa necessariamente lunedì mattina». È amaro il commento finale: «Se penso che ci sono 170mila dollari nel bilancio pubblico per sostenere il dipartimento della Prevenzione!».

Domenica 9 marzo 2003, pomeriggio

I ricoverati tra i medici e gli infermieri dell'ospedale sono aumentati ancora: se avranno bisogno di intubazione saranno inviati ad altri ospedali perché non c'è più chi possa occuparsi del reparto intensivo. Urbani osserva i sintomi, diversi da caso a caso: «Sembra che dopo l'esordio caratterizzato da febbre alta e dolori ai muscoli ci sia in alcuni pazienti una crescente tosse e polmonite, normalmente al terzo o quarto giorno. Ho raccomandato di monitorare le funzioni renali, epatiche… Non appare un danneggiamento dello status mentale». Insomma, si brancola nel buio e quanto ai trattamenti si prova di tutto, alla cieca: «Ma sembra che gli antibiotici non abbiano effetto». L'umanità è di nuovo inerme, come un tempo.

Intanto qualcosa si muove al ministero, nonostante il week end: «Oggi hanno visitato l'ospedale: è il risultato positivo dell'incontro di questa mattina con il viceministro e alcuni alti funzionari. Hanno deciso che l'Oms riceva supporto tecnico per la gestione dell'epidemia. Ho l'impressione che finalmente il Ministero della Sanità stia prendendo le misure necessarie...».

Per Urbani però è tardi: questo è il suo ultimo messaggio. Due giorni dopo, sull'aereo per Bangkok, riconoscerà in sé i sintomi. Per qualche giorno riuscirà comunque a dare disposizioni ai medici, finalmente arrivati dall'estero, e a lavorare dal letto insieme a loro per provare a guarire. Ma infine deciderà che non c'è più nulla da fare e sarà lui a comunicarlo ai colleghi. Il 26 marzo, mentre Urbani vive le sue ultime ore, ad Hanoi ha luogo un'importante conferenza stampa. "Finora i casi di Sars sono 59 - dice alla folla di giornalisti il Direttore del reparto di Medicina preventiva -. Mi dispiace dovervi dire che quattro pazienti sono morti, e che tutti e quattro sono operatori sanitari: due medici e due infermieri. Avevano lavorato a stretto contatto con i pazienti". Dopo tre giorni, Urbani.

«Sul terreno»: le radici della vocazione

Il modo in cui Urbani gestì l'emergenza Sars in prima persona, con competenza e spirito umanitario, ha origini lontane: non fu un episodio, ma il risultato di una lunga maturazione professionale.

Medico condotto

A Castelplanio, ad esempio, nessuno dimentica gli anni della «condotta», quando il giovane dottorino da poco laureato era tornato al paese come medico di famiglia e in quella veste metteva rigore e dedizione.

Una dedizione a 360 gradi, che ne caratterizza il carattere fin dalla giovanissima età. «Era solo uno studente e già si impegnava nel volontariato organizzando mille attività» racconta Fabio Badiali, prima amico d'infanzia, poi suo «collega» sugli scranni del consiglio comunale di Castelplanio dal 1980 al 1985, oggi sindaco del paesino nell'entroterra adriatico che li ha visti crescere entrambi. «Trovava sempre qualche idea da mettere in atto al servizio degli altri. Da ragazzo coinvolgeva i giovani di Castelplanio in gruppi di solidarietà per i disabili. Piccoli gesti, rispetto alle missioni d'Africa e d'Asia che seguiranno, ma non per il singolo che li riceve e che forse non ha altro. «Negli anni in cui era già medico di famiglia – continua l'amico sindaco – ha sempre fatto le sue vacanze in Africa, portandosi dietro valigie di medicine... Correva dei rischi? Può darsi, ma chi fa del bene mette per forza a repentaglio la sua vita».

Anche Mauro Ragaini è un amico che conosce Carlo fin dalla prima infanzia e con lui ha condiviso le prime esperienze: «Con il carattere che aveva, non diceva mai una cosa tanto per dire: le parole per Carlo erano cose serie, impegni duri come pietre. Avevamo vent'anni quando andavamo a bussare alla porta degli ambulatori, per raccogliere medicinali non scaduti ma inutilizzati o in eccesso: qui sarebbero finiti in pattumiera, altrove avrebbero semplicemente salvato delle vite». Carlo li ammucchiava nella cantina di casa e poi li spediva dove ce n'era bisogno. Oppure, più tardi, li avrebbe portati lui stesso nelle regioni colpite dai contagi, andando come «turista» di villaggio in villaggio, ma intanto visitando i pazienti e insegnando loro le misure igieniche per prevenire le infezione e curare i mali.

Turista non per caso

Un medico di frontiera per vocazione, dunque, che negli anni della «condotta» o quando ormai è assunto all'ospedale di Macerata organizza per suo conto con alcuni colleghi della Vallesina i viaggi nell'Est europeo, in India e Nepal, in Africa centrale, nei Paesi del Golfo di Guinea, per conoscere il mondo e intanto portare a proprie spese soccorso ai diseredati. «L'amore per i più deboli era nel suo Dna – ricordano oggi i medici marchigiani che allora lo seguivano –. Viaggiavamo con lui per l'Africa, dove visitavamo i villaggi più sperduti. Carlo era una guida eccezionale: competente, curioso, disponibile con tutti».

Ama più di tutto immergersi nella realtà dei diversi Paesi, vivere a stretto contatto con la gente di lì, secondo i loro costumi. Non esita a mangiare insieme a loro e le loro stesse cose, e soprattutto non risparmia la propria salute e le energie. Correndo anche qualche rischio di troppo... È lui l'ideatore e il motore per tutto il gruppo. Si documenta, compra cartine, guide, libri. «Era un uomo dalla cultura molto vasta. Era bellissima la fase di preparazione dei nostri viaggi – è la testimonianza dei medici –: la sera a casa sua ci mettevamo al tavolo e programmavamo ogni dettaglio. Poi sul posto, ovviamente, ogni programma saltava!». Ma per uno come Urbani non è certo un problema, anzi, è l'incognita più piacevole dei suoi viaggi. «Lui proprio se li godeva quei giorni passati a percorrere zone affascinanti ma anche povere e disagiate». Così nel Mali, in Niger, nel Benin, pur andando in cerca dei «suoi malati», trova il tempo per cogliere tutto il fascino dei deserti, delle notti passate all'aperto o nei granai, vive con entusiasmo l'avventura di spostarsi in canoa o in fuoristrada ormai ridotti a scheletri. «Il tutto sempre con l'obiettivo di portare sollievo a chi soffre. Incontravamo bambini moribondi in braccio a genitori impotenti, magari solo a causa di ferite infette». Carlo non sopportava l'ingiustizia: basterebbe un antibiotico dei più comuni, ripeteva. «E infatti ne avevamo lo zaino pieno. Incontrammo persone con infezioni agli occhi che portavano alla cecità: sarebbero state sufficienti poche gocce di collirio, ma quella gente non aveva nemmeno una tazza d'acqua pulita». A tutti un sorriso, se possibile una cura, e soprattutto l'insegnamento di comportamenti igienico-sanitari lontani anni luce dalla loro mentalità ma anche dalle reali possibilità: «Spesso i capi tribù si ostinavano a credere solo nella stregoneria, mostrando diffidenza nei confronti magari di un antibiotico che in quel momento avrebbe salvato una vita. Allora sì che vedevamo un Carlo arrabbiato: arrivava persino a urlare».

Malattie tropicali: la scelta degli ultimi

Da sempre aveva avuto la passione per le malattie tropicali. Così, dopo la laurea in medicina presa ad Ancona e la specializzazione in malattie infettive conseguita a Messina, era diventato uno dei massimi esperti in parassiti, specie dell'età infantile: una parola che a noi fa tutt'al più pensare a qualche «epidemia» di pidocchi nelle scuole, ma che in gran parte del mondo significa morte.

Uccisi dall'indifferenza

«Non sono tanti i colleghi che trovano attraenti i parassiti intestinali – scherza il dottor Kevin Palmer, amico di Carlo e suo collega all'Oms –, ma questo è davvero un problema spaventoso per ogni ragazzo che viva nelle zone tropicali. In particolare il dottor Urbani era il massimo esperto di schistosomiasi in Vietnam e in Africa, ma anche di altre gravi forme parassitarie portate dal cibo, molto diffuse in Cambogia e in Laos, o nelle Maldive». Lorenzo Savioli è un altro medico amico di Urbani, e con lui ha operato proprio alle Maldive: «Ricordo che con Carlo lavoravamo dall'alba al tramonto, senza pensare alle famose spiagge o alla barriera corallina, indagando la epidemiologia degli anchilostomatidi e formando i sanitari locali. A Carlo nemmeno laggiù mancava la voglia di essere ironico: ridevamo sempre tra di noi dicendo che nessuno al quartier generale avrebbe creduto che spendevamo i nostri giorni alle Maldive... su campioni di feci».

Parassiti, infezioni tropicali: semplicissimi da curare... e mortali! Tutte malattie da cui si guarirebbe con pochi centesimi di euro, ma che nell'indifferenza dei popoli ricchi continuano a falciare la vita di quelli poveri: uno scandalo contro cui si rivolta fin da ragazzo il futuro medico Urbani, una «colpa globale» contro cui giura di combattere, ma anche la benzina che dà vigore e veemenza al fuoco della sua passione per i sofferenti. Perché la voglia di accarezzare i deboli si nutre anche di rabbia. Rabbia contro «l'orrore di fatti ed eventi che fanno della dignità umana un sanguinante misero fardello», rabbia che lo spinge a indicare negli abusi contro i deboli «i veri terremoti contro cui è davvero difficile, se non impossibile, costruire argini o rifugi». Perché – insiste più volte Urbani scrivendo agli amici e ai parenti dalle zone più lontane – in caso di calamità naturali, come terremoti o alluvioni, portare aiuto alle vittime è comunque possibile, ma ai cataclismi voluti dall'uomo, come la «dimenticanza» di malattie che falciano intere popolazioni ma non rappresentano un affare per le case farmaceutiche, è quasi impossibile porre un rimedio. «Un numero impressionante di bambini muore per disidratazione da diarrea: per salvarli basterebbe qualche bustina di reintegratori di sali da sciogliere nell'acqua. Qualche bustina del costo di venti centesimi!», scrive in più occasioni, tormentato, scandalizzato, offeso come uomo da un paradosso di cui non si capacita.

«Per questo il dottor Urbani aveva scelto di combattere quelle infezioni – conclude Kevin Palmer –, perché producono danni terribili però possono essere sconfitte con facilità, se ce n'è la volontà. Una pillola da tre centesimi somministrata a scuola ai ragazzi due sole volte all'anno potrebbe liberarli dalla maggior parte dei micidiali parassiti che infestano l'intestino». Se ce n'è la volontà. La realtà contro cui si scontra ogni giorno Urbani, però, è che il peggior nemico dell'uomo a volte è proprio l'uomo. E chi muove i fili di tanti destini è il dio denaro.

La schistosomiasi

Urbani, in una lettera datata 2 novembre 1996 e scritta da Phnom Penh, Cambogia, racconta l'orrore della schistosomiasi: «Qui i bambini nelle aree endemiche muoiono a quindici anni per rottura di varici esofagee».

«Soffrono di dolori addominali cronici, emettono feci con sangue e muco, il loro addome si gonfia progressivamente per l'ingrossamento di milza e fegato, ed a partire dagli anni dell'adolescenza sviluppano i primi sintomi della cirrosi epatica, la stessa malattia che colpisce gli alcolisti», scrive ancora nel gennaio 1999 dalla Cambogia per la rivista torinese «Missioni Consolata», cui trova il tempo ogni mese di inviare i suoi reportage.

La malattia che viene dal vino nel ricco Occidente, ma che qui, nell'indigenza, paradossalmente arriva con l'acqua: «La schistosomiasi – spiega Urbani nella rivista dei missionari, con il suo linguaggio accessibile a tutti – è causata da un piccolo verme che vive nelle vene intorno alla parete dell'intestino. Se le uova prodotte con le feci arrivano nelle acque del fiume, si schiudono e liberano un piccolo organismo», una larva che, «quando entra in contatto con la pelle umana è in grado di perforarla e attraversarla. Una volta penetrato, il parassita si lascia trasportare dal sangue».

È tra questi rischi e in mezzo a tanti malati che il medico Urbani sceglie di vivere senza mai temere di cadere vittima dei suoi microscopici nemici. Perciò ancora di più si comprende la sua scelta di sedere al capezzale di mister Chen e quel suo ricordare alla moglie che "non dobbiamo essere egoisti, io sono qui per pensare agli altri". Non è stato un "eroe" in quel momento. Oppure lo è stato mille altre volte.

«Noi medici, operatori umanitari»

«Non sono un burocrate, io, non sederò mai dietro una scrivania: io sono un medico», ripete spesso Urbani ad amici e colleghi, attribuendo alla professione una valenza elevata e complessa: il medico secondo la sua visione è chi cura la malattia del corpo, ma anche le ferite dell'anima, chi ha il preciso dovere di urlare al mondo le ingiustizie e le vessazioni che incontra, chi combatte in prima linea contro lo sfruttamento dei miseri e la povertà, perché – sono parole sue – «in questo mondo dei più sfortunati, povertà e malattia si generano a vicenda». Egli sa, per averlo toccato con mano tra gli ultimi della terra, che «la povertà genera malattie, attraverso la mancanza di igiene, di strutture sanitarie e adeguati trattamenti, di educazione. Per questo in molti Paesi l'attesa di vita alla nascita non supera i 50 anni, e sono malnutrizione e tutta una serie di malattie tropicali a compiere la decimazione soprattutto nei primi anni».

Il medico è dunque un «operatore umanitario», e «il compito degli operatori umanitari come noi, che vivono ogni giorno la gravità della situazione sanitaria e socioeconomica nel mondo, è precisamente quello di comunicarla al maggior numero di persone, soprattutto nei Paesi ricchi del nord». Un missionario che opera sul campo ma anche racconta, fa sapere gli «eventi che fanno della dignità umana un sanguinante misero fardello». Tutte cose che può fare solo se sta a stretto contatto con le vittime, come vuole lui.

Medici senza frontiere

Se questa è la meta che Carlo Urbani si pone, non può non approdare un bel giorno alla sede di Medici senza frontiere, a Roma, dove certamente troverà tanti altri specialisti come lui, e infermieri, e volontari animati dalla stessa passione. Siamo alla metà degli anni Novanta. E lì infatti incontra medici che si spingono al di là delle frontiere del mondo civile per lavorare accanto alle vittime, guadagnando stipendi che in realtà sono rimborsi spese sufficienti per sopravvivere.

Le prime esperienze «sul terreno»

Per tre anni, appena ha un periodo di permesso dall'ospedale di Macerata, si reca in Cambogia e la gira in lungo e in largo, con lo scopo di debellare la schistosomiasi, il male endemico della penisola indocinese, contro la quale avvia progetti che ottengono risultati mai visti prima in quei luoghi.

Nel frattempo diventa anche lì il testimone instancabile, il curatore d'anime e di corpi di un popolo stremato, decimato, schiacciato da anni di ferocia da parte dei Khmer Rossi. Le vittime in Cambogia soccombono sì ai parassiti intestinali, ma anche alla piaga dell'Aids, o alla follia della guerra civile: «Restano gli interrogativi – scrive il 13 febbraio del 1997 ad Antonella Giacobbe, responsabile della raccolta fondi per Medici senza frontiere – sul futuro di questo Paese, ancora estremamente instabile, pieno di vittime della violenza che vi regna (mine antiuomo, guerriglia...) e sconvolto da una corruzione senza confronti. Ed è spesso solo grazie al supporto tecnico di agenzie come la nostra che alcune cose funzionano nel campo dei bisogni primari di un popolo, quale salute, alimentazione, istruzione». Il medico è un taumaturgo che, con umiltà, conscio di essere solo più fortunato di loro, si prende cura di ogni aspetto della loro sofferenza: «Spero che il mio lavoro e quello degli altri possa anche contribuire a ricostruire un tessuto sociale – scrive ancora nella lettera – basato sull'etica del lavoro, sul rispetto e sulla speranza, tutti valori che non sembrano più abitare in Cambogia».

Forse nemmeno il sognatore Urbani si rende conto di ciò che sta tentando: qui si tratta di ricostruire una nazione e il suo popolo, letteralmente annientato, incrudelito, ormai insensibile a qualsiasi orrore fatto o subìto. Per quanto può ottenere una organizzazione di «medici senza frontiere», la Cambogia deve molto a Urbani e ai suoi colleghi.

Etica medica e tutela dei diritti

«Il soccorso che portiamo alle popolazioni in pericolo è guidato dall'etica medica e dalle leggi di tutela dei diritti umani», ricorda Urbani. Sono le armi affilate dei volontari, che diventano veri e propri custodi della sopravvivenza sotto ogni profilo, non solo da un punto di vista sanitario: «È determinante che noi, come le altre agenzie umanitarie indipendenti, possiamo analizzare la situazione del Paese dove operiamo, liberi da influenze politiche, per sviluppare soluzioni adeguate al contesto».

La loro presenza «sul terreno» prima sutura ferite, ricostruisce arti amputati dalle mine, ma poi si fa carico di ricostruire quell'umanità che agli occhi delle vittime sembrava smarrita per sempre. «Il nostro aiuto arriva dovunque noi come testimoni e portavoce di queste popolazioni inascoltate possiamo migliorarne le condizioni di vita e salvaguardarne i diritti fondamentali. Sostegno e testimonianza sono componenti integrali della missione umanitaria di Msf. Se è facile essere al fianco di popolazioni vittime di catastrofi naturali, diventa però molto complicato essere al fianco di quelle la cui vita è messa in pericolo dall'uomo stesso. Mi riferisco alle vittime di guerre civili, colpi di stato, guerre etniche, stragi e amputazioni, stupri di massa. Ed il concetto di pericolo implica inevitabilmente proprio quello di protezione, da ogni forma di violenza e di abuso».

Certo, a volte diventa inutile rischiare e si è costretti a partire: una scelta dolorosa ma necessaria. «Ma se dopo il sequestro del gruppo di volontari in Liberia qualche mese fa – polemizza Urbani – l'unica reazione del governo britannico è che occorre essere più prudenti e riflessivi prima di entrare in certi Paesi, l'attenzione si allontana dalla questione cruciale: quella che il nostro posto è e deve rimanere il più possibile accanto alle vittime».

Il Nobel per la pace ricevuto nel 1999, come vedremo, è tutt'altro che un traguardo. È lo strumento "affinché l'azione di domani sia ancora più efficace ed incisiva", dice nell'occasione. Tant'è che pur recandosi a Oslo a ritirarlo, prima della cerimonia partecipa a una manifestazione davanti all'ambasciata russa della città norvegese per protestare contro i violenti attacchi a Grozny, la capitale cecena. Sempre dalla parte di coloro che intuisce più deboli, indifferente a bandiere, schieramenti, appartenenze politiche.

La campagna per l'accesso ai farmaci

«In Africa ci sono arrivato fresco di studi. E sono stato "deluso" dallo scoprire che la gente non moriva di malattie stranissime: moriva di diarrea, di crisi respiratorie. La diarrea è ancora una delle cinque principali cause di morte al mondo. E non si cura con farmaci introvabili!». Con questa intervista al quotidiano «Avvenire» nel gennaio del 2000, dal significativo titolo *Noi, diplomatici col camice*, Urbani, infettivologo allora del tutto sconosciuto al grande pubblico, puntava il dito contro l'unico vero motivo per cui nel mondo si continua a morire di niente: «In tutti i consessi internazionali – spiegava – si ripete che la causa è una: la povertà. Una delle ultime sfide che Medici senza frontiere ha raccolto è la partecipazione alla campagna globale per l'accesso ai farmaci essenziali. Ed è lì che abbiamo destinato i fondi del Nobel: due terzi della popolazione mondiale non ha ancora accesso a questi medicinali».

Significa che milioni di persone muoiono per malattie da noi considerate al massimo una seccatura, perché non hanno medicinali molto comuni e dal costo addirittura irrisorio. Il motivo? «Ci sono speculazioni di mercato che sono diaboliche – spiegava ancora Urbani ad «Avvenire» –: il prezzo non viene fissato in base al costo, ma per quanto i mercati ricchi possono pagare».

Pasticche prodotte a pochi centesimi sono vendute, in proporzione al portafoglio dei Paesi industrializzati, a quelli in via di sviluppo (eufemismo), che non se le potranno mai permettere. Quanto invece ai farmaci necessari per debellare malattie da noi scomparse e diffuse solo nelle loro regioni, le multinazionali non sprecano risorse perché non intravvedono l'affare: se il cliente è povero non paga. Sono le stesse multinazionali – denuncia Urbani – che sui popoli del Terzo mondo hanno sperimentato i loro prodotti, per poi bloccarne i diritti con un brevetto. Usa e getta: come si fa con le cavie.

Negli ultimi venti anni la ricerca ha sfornato 1.300 nuove molecole, sottolinea nell'intervista, ma solo undici sono attive contro le malattie tropicali (e di queste ben sette vengono... dalla ricerca veterinaria): «Solo lo 0,3 per cento della ricerca è indirizzata verso le cinque principali cause di morte nel mondo».

Quando rilascia questa intervista, è da nove mesi presidente di Medici senza frontiere Italia, che ha sposato in pieno la sua lotta per la diffusione dei medicinali essenziali. «Il 90 per cento del denaro investito in ricerca sui farmaci è per malattie che riguardano il 10 per cento della popolazione del pianeta – ripete instancabilmente ai congressi internazionali, lanciando a livello mondiale la campagna di Msf –. Un paradosso su tutti: ogni anno le aziende farmaceutiche stanziano fondi giganteschi per patologie come obesità o impotenza, mentre malaria e tubercolosi, che da sole uccidono 5 milioni di persone all'anno nei Paesi in via di sviluppo, non attirano alcun finanziamento». Dati sbalorditivi per noi che li leggiamo sulla carta. Per il medico che li vede negli occhi di chi gli muore tra le braccia uno scandalo non più sopportabile.

«Mi dispiace, lei muore a causa del mercato»

Asia. Nelle prigioni siberiane un quarto dei detenuti malati di tubercolosi multiresistente muore perché non ha accesso al trattamento: troppo costoso.

Africa. Stesso destino per i sieropositivi malati di meningite all'ospedale di Nairobi, Kenya, rimandati a casa perché la cura è resa impossibile dai brevetti che la proteggono: per i kenioti un giorno di trattamento costa 20 dollari mentre in Thailandia, dove i brevetti non sono attivi, solo 0,70 dollari, molto meno di un euro.

Uganda e Sudan. I volontari di Msf sono impotenti di fronte alla moria per la malattia del sonno. Il farmaco che potrebbe salvare loro la vita non viene più prodotto: poco redditizio...

Solo pochi esempi, ma sarebbe troppo lungo elencare i condannati a morte dal mercato, le «vittime» sulle quali Urbani orienta ogni sforzo di Medici senza frontiere Italia.

Quando entra in Msf, l'associazione umanitaria sta modificando il suo mandato: non più solo le cure d'emergenza portate alle popolazioni in guerra o decimate da carestie ed epidemie, ma anche e soprattutto la rimozione delle cause che hanno prodotto tali situazioni. Questa scelta corrisponde alle convinzioni dello stesso Urbani che, preso il timone di Msf Italia, le fa compiere il grande salto di qualità. La campagna per il diritto ai farmaci essenziali diventa così l'azione prioritaria. A cominciare dal risveglio della coscienza collettiva: «Il sostegno delle opinioni pubbliche è presupposto preliminare alla creazione di quella volontà politica che, sola, può condizionare le leggi del mercato, orientare le scelte delle case farmaceutiche», teorizza. Sa benissimo, infatti, che vita o morte, salute o malattia, guerra o pace dipendono in gran parte da come tira il vento della pubblica opinione, capace di far pressione sui potenti, dai quali però è essa stessa condizionata. Un circolo vizioso, un gioco delle parti a volte ipocrita, a volte solo superficiale, ma sempre determinante. Non è altro che il fenomeno per cui, nella stessa ricca Italia, bambini colpiti dalle cosiddette «malattie rare» e condannati a morte dal mercato (per pochi casi al mondo a nessuna industria conviene produrre il farmaco) hanno salva la vita solo quando un giornale porta il caso alla ribalta e occuparsi di loro diventa doveroso.

Il paradosso dei brevetti

Il caso emblematico per Urbani è quello della Tbc: «Ai nostri giorni nel mondo la tubercolosi miete una vittima ogni dieci secondi. È la seconda causa di morte per malattie infettive negli adulti: uccide ogni anno 3 milioni di persone, l'80% delle quali ha un'età compresa tra i 15 e i 49 anni». Inutile dire che il 95% vive in Paesi a basso reddito.

Una tragedia che si svolge nella più completa indifferenza del mondo ricco, per il quale la Tbc è un ricordo quasi romantico del melodramma e della letteratura ottocentesca. Tanto che ci ha colti di sorpresa il ritorno del morbo anche tra noi, portato in questi tempi dal fenomeno dell'immigrazione. «A parte il fatto che la tubercolosi è in sensibile aumento anche nel mondo ricco – sottolinea Urbani –, nei Paesi poveri conta 8,2 milioni di nuovi casi nel 2000». Un vero affare, per le case farmaceutiche... Se non fosse che «di questi malati solo 400mila sono potenziali clienti paganti: troppo pochi, dicono le industrie».

Il paradosso è duplice: chi detiene il brevetto dei farmaci non li produce perché non conviene. E chi invece ne ha urgente bisogno e li produrrebbe a bassi costi non può farlo perché chi ha il brevetto non glielo permette.

Incredibile? Leggiamo Urbani in un articolo scritto per «Missioni Consolata» nel febbraio del 2000: «Il brevetto rappresenta un diritto sacrosanto dell'industria per salvaguardare i frutti dei suoi investimenti in sperimentazioni – sottolinea subito, sostenendo che interessi economici ed etica possono convivere –. Accade però che i brevetti si tramutino in micidiali armi». Esistono infatti Paesi in via di sviluppo che avrebbero le tecnologie sufficienti per una propria produzione: «Nazioni come India, Thailandia, Sudafrica o Brasile sarebbero in grado di produrre farmaci utili per le loro popolazioni e quindi rivenderli a prezzi accessibili». Ma non ne hanno il permesso.

Un esempio per tutti: il fluconazolo, efficace per alcune gravi infezioni, in Africa, dove è importato, costa 20 dollari al giorno (prezzo fissato sul mercato occidentale), in Thailandia, dov'è prodotto da un'azienda locale, meno di un dollaro. Ma, ci si chiederà, come può la Thailandia aggirare il brevetto altrui? «Questo è reso possibile da una norma che si chiama licenza obbligatoria», risponde Urbani. Che però, come sempre, i più deboli non hanno la forza di vedere applicata. Perché?

Il motivo è presto detto. Il caso dell'Aids, lampante, è raccontato da un Urbani indignato: «I trattamenti per ridurre la trasmissione dell'infezione da madre sieropositiva a figlio al momento del parto non sono disponibili proprio nei Paesi dove questa modalità di trasmissione sta condannando a morte entro 5-8 anni un bambino già al momento della sua nascita».

Un rimedio ci sarebbe, l'Azt, efficace anche se somministrato per solo quattro settimane intorno alla data del parto. Ma attenzione: «Spietati brevetti ne permettono la vendita a prezzi proibitivi e ne impediscono la produzione da parte di altre aziende», spiega Urbani. La possibilità della licenza obbligatoria è solo teorica: i Paesi potenti sanno perfettamente come passare alla ritorsione e tenere sotto ricatto i deboli. «Ci ha provato la Thailandia – racconta – iniziando a produrre Azt per le sue donne (tantissime) incinte e sieropositive. E infatti il farmaco ha avuto il costo abbattuto del 7.000%! Ma la reazione degli Usa, dove risiede la ditta detentrice del brevetto, è stata: non possiamo impedirtelo, però possiamo ridurre le importazioni dalla Thailandia... Cosa insostenibile in questo momento di crisi economica». Una specie di embargo, non certo dettato da motivi umanitari, questa volta! «Ecco come vanno le cose».

Le priorità quindi sono di ordine economico, non medico. «E fiumi di miliardi vengono investiti in nuove pillole per curare la vera piaga dell'Occidente: mangiamo troppo. Si chiama obesità».

La Sars, nel 2003 ha infettato 8.439 persone, 916 delle quali sono morte. Non ha guardato in faccia nessuno, colpendo indiscriminatamente anche l'Occidente, ormai abituato ad essere invulnerabile. Leggiamo spesso di virus dagli effetti devastanti (Ebola, ad esempio), ma di solito non ci riguardano. Il terrore ha percorso il mondo, invece, quando la Sars, viaggiando in aereo, è atterrata ovunque, preferendo i Paesi ricchi. Così la guerra dei brevetti tra case farmaceutiche, prima per approntare i test diagnostici, ora per scoprire un vaccino, è scoppiata subito. Novecento morti in un anno, dunque. Nello stesso 2003 malaria e Tbc uccidevano cinque milioni di persone ma nessun giornale ne parlava... Se Urbani fosse ancora vivo, sarebbe certamente questo il tema dell'ultimo suo articolo, quello che non ha potuto scrivere. Ma che è facile immaginare.

«Noi, diplomatici col camice»

Volontariato, abnegazione, gratuità, ma anche un'oculata «politica», perché, diceva Urbani, i sogni si devono fare con i piedi per terra: «Ogni volta che ci accorgiamo che quello che facciamo può essere strumentalizzato, oppure quello che offriamo viene negato a parte della popolazione e viene offerto come privilegio a un'altra parte, allora, a quel punto, cominciamo a rinegoziare la nostra presenza. Se ciò non basta lasciamo il Paese», dice Urbani ad «Avvenire» nel 2000. «Come in Burundi, dove ci siamo accorti che gli aiuti non finivano nei campi. È la decisione più difficile da prendere perché significa lasciare gli ultimi senza l'unica cosa che avevano. È anche per questo che rifiutiamo le scorte armate: se le accetti fai una scelta di parte. La neutralità è l'unico scudo che possiamo avere».

Certo, «rinegoziare la presenza» con il governo spesso dittatoriale di un Paese africano o asiatico significa pure fare politica. Ed è questo il senso del titolo dell'intervista di allora: *Camice e diplomazia*, perché gli ideali devono poi diventare azioni, altrimenti restano belle parole. «L'agire come medici o infermieri – spiega Urbani – non può essere distaccato da un'azione politica di accompagnamento. Noi da sempre ci siamo basati sul principio che essere neutrali non significa tacere su tutto. Se c'è un mutilato, gli occhi del chirurgo in quel momento sono sulle ferite, ma quello sguardo poi va alzato. Per vedere che cosa c'è intorno. Anche perché quella vittima non avrà mai la possibilità di denunciare quanto gli è accaduto».

E per il medico di Msf, che opera non solo tra malati ma anche tra le vittime delle dittature e delle guerre civili, degli stupri di massa e della pulizia etnica, spesso la causa da rimuovere non è un virus ma la prevaricazione di pochi violenti su una moltitudine di miseri. Ecco allora la missione del medico-umanitario: curare ma nel frattempo denunciare, far sapere.

«Questa voce chiede il diritto di intervenire là dove serve, senza alcuna distinzione né di vittime, né di religione, né di interessi politici, commerciali o militari», annunciava Urbani a Oslo nel 1999 ritirando il Nobel. Esattamente il principio gridato a gran voce da Giovani Paolo II pochi mesi dopo, in occasione della Giornata della pace, quando predicò «l'ingerenza umanitaria».

Sembra un paradosso ma non lo è: il «diplomatico» Urbani, capace, prima per Msf e poi per l'Oms, di sedere al tavolo dei potenti e piegarli alle esigenze degli operatori sanitari senza piegarsi a loro, è l'opposto di ciò che comunemente si dice un politico (inteso come persona legata agli interessi di una parte), ma contemporaneamente è un grande stratega, abilissimo al servizio degli inermi: «La politica e l'umanitario agiscono in genere sugli stessi terreni, però sono due cose completamente diverse: l'umanitario interviene quando la politica fallisce. In questi anni ci siamo però anche preoccupati del fatto che l'umanitario diventi sempre più un'arma di diplomazia internazionale». Questo è Urbani: un idealista concreto, un sognatore che realizza.

«I militari si travestono da agenti umanitari»

Distinzione netta tra la politica e l'umanitario, dunque. Non usa mezzi termini Urbani nel 1999 in un suo editoriale per Msf intitolato *Perché diciamo NO ai fondi dei Paesi Nato*: «La guerra del Kosovo resterà come una pietra miliare nella storia del movimento umanitario. Ma purtroppo in senso negativo: è la prima volta in 28 anni di esperienza nei conflitti di tutto il mondo che vediamo uno dei belligeranti, la Nato, attribuirsi il compito di soccorrere e dare asilo alle vittime. Senza che nessuno, politici, giornalisti, opinion leader, abbia osato dire una sola parola. Il ciclo ormai è completo: la Nato sveste la divisa di gendarme del mondo e tra un bombardamento e l'altro indossa il camice bianco [...] pronta a proteggere, sostenere e rifocillare i profughi in nome dei quali ha cominciato a combattere». Apparentemente un fatto positivo, invece ottenuto «relegando nell'angolo le agenzie umanitarie, a partire dall'Acnur, l'Alto Commissariato Onu per i rifugiati». In realtà c'è dietro dell'altro: «I militari si trasformano in agenti umanitari. E le questioni umanitarie a loro volta diventano potenti armi di pressione e merce di scambio politico. È una confusione di ruoli molto pericolosa, perché stravolge e vanifica i due princìpi cardine dell'azione umanitaria: la neutralità e l'imparzialità. Neutro e imparziale è chi non parteggia e non fa discriminazioni tra feriti o rifugiati, da qualsiasi parte essi vengano. Siamo proprio sicuri che una forza militare in guerra possa assicurare questa garanzia? Noi no. Ecco perché abbiamo protestato contro il marchio "Nato" sulle tendopoli. Coerenti con la nostra scelta di indipendenza, ci siamo spinti fino a dire no ai finanziamenti pubblici dei Paesi membri dell'Alleanza compresa l'Italia. Le nostre tende le abbiamo alzate soltanto contando sui fondi dei nostri donatori. Ci abbiamo perso un po' di visibilità. Ma in palio c'è la difesa delle popolazioni in pericolo. Qui si giocano la forza e la credibilità dell'azione umanitaria. Ed è questa la guerra che noi non possiamo permetterci di perdere».

In Cambogia

In Msf la sua vocazione ha dunque trovato lo sbocco più naturale, una sorta di maturazione ulteriore: «Lavorare per loro sta sviluppando in me una sensibilità ed una attenzione alle problematiche sociali e umanitarie che prima sfigurava vicino al grosso interesse ed entusiasmo dedicato all'aspetto tecnico del mio lavoro», scrive Urbani all'amico Enzo Falcone dopo il suo ingresso nell'associazione.

L'evento cardine, quello che gli cambia la vita, è l'anno vissuto in Cambogia nel 1996/97. Urbani si trasferisce nel Paese più straziato del Sud-Est asiatico come coordinatore del programma di controllo della schistosomiasi. «Sono sposato, e mia moglie e i due bambini di nove ed un anno sono ora con me in Cambogia», scrive da laggiù in una sorta di autoritratto, in cui racconta il colpo di fulmine che lo ha legato all'organizzazione e gli ha fatto prendere la difficile decisione di partire: «Di questo organismo conoscevo l'impegno e la stima di cui gode in tutti i Paesi dove ho lavorato. Ed i fuoristrada bianchi con quel logo li avevo già incrociati in tante piste della savana africana!», quando ancora viaggiava in compagnia degli amici marchigiani.

Non è facile essere arruolati da Msf, la selezione è durissima: non basta essere ottimi medici, occorrono i nervi saldi per saper affrontare qualsiasi situazione, anche un intervento d'urgenza sotto bombe e granate. Ma Urbani è il tipo giusto: viene accettato e parte.

In missione sul Mekong

«È un Paese difficile, forse il più difficile che ho mai conosciuto», scrive dalla Cambogia.

In particolare lui si trova lì per la schistosomiasi, che lungo il Mekong costituisce una vera piaga sociale. È stata Msf a scoprire le dimensioni del problema e a studiarne le strategie di lotta. «Negli ultimi due anni le piroghe e le Toyota con la sua bandiera hanno raggiunto decine di villaggi, dove gran parte dei bambini si trascinano con un enorme ventre», racconta il medico. Sono tutti condannati a morire, senza che il mondo lo sappia, perché non hanno la possibilità di assumere una pasticca da pochi centesimi: il Praziquantel.

«Sulla piroga sventola la bandiera di Médecins sans frontières – scrive in un memorabile reportage per "Missioni Consolata" –. Oggi stiamo andando a verificare la presenza della malattia in una zona molto remota, ed eventualmente distribuire il Praziquantel».

In quei villaggi, dove nessuno ha mai visto un medico, spesso è accolto con diffidenza. La Cambogia, dopo la colonizzazione, le guerre contro i francesi e gli americani, la dittatura di Lon Nol, ha subìto la follia di tre anni di genocidio da parte dei Khmer Rossi: due milioni di persone su meno di sette milioni di abitanti sono state trucidate. Significa che un terzo dei cambogiani ha visto l'olocausto. Che nessuna famiglia è stata risparmiata. «Sembra un immenso sacrario», annota nel febbraio del 2000. «Per me e la mia famiglia è stato come conoscere i sopravvissuti di Auschwitz».

La Cambogia è un deserto di desolazione umana: i mutilati dalle mine antiuomo sono ovunque, il massacro della classe dirigente e intellettuale è arrivato a «giustiziare» chi portava gli occhiali con il pretesto che sapeva leggere (e poteva essere pericoloso per il potere), la popolazione ridotta al terrore e al silenzio ha dimenticato buona parte del linguaggio e con esso la sua identità. Le risaie lungo il Mekong sono immense fosse comuni: non occorre rimestare il fango perché di continuo riemerga l'orrore. L'Aids che infuria non è una piaga meno grave dell'assoluta mancanza di una legislazione o di uno straccio di diritto umano. Suturare ferite qui non basta: c'è un Paese da ricostruire.

«La nostra piroga è arrivata a Sdau», continua il diario di viaggio di Urbani. L'urgenza del problema sanitario non gli impedisce di lasciarsi affascinare dalla bellezza di ciò che vede: «È facile sentire le grida dei bambini che giocano tutti immersi nell'acqua del fiume, vicino alle rocce dalle quali si tuffano». Una scena felice, si direbbe. «Il loro contatto con l'acqua del fiume è importante. È forse l'unico gioco disponibile». Ma la scena idilliaca si incrina subito: «E poi correre nei campi non è, forse, così raccomandabile in un Paese con una delle più alte concentrazioni al mondo di mine antiuomo!». A poca distanza le sorelle maggiori sono sedute sulle rocce «a lavare i poveri panni o intente a sciacquare gli umili utensili domestici. E sulla riva qualche bambino più piccolo, che fa la cacca nel fiume». Ci siamo: «Una scena normale lungo un fiume tropicale, ma è questo il ritratto della trasmissione della schistosomiasi. Bambini infetti fanno la cacca, nella quale probabilmente ci sono delle uova di schistosoma. Poco lontano le rocce ospitano la conchiglia che fa diventare infettante la larva, e nella stessa zona altri bambini che nuotano, ed il cerchio si chiude». L'acqua, un microscopico animaletto, una conchiglia. Una congiura infernale ordita dalla natura, si direbbe.

L'esplorazione di Urbani, che sulla piroga di Msf ha portato con sé due medici e due tecnici microscopisti cambogiani, prosegue alla ricerca della malattia. «Girando nelle case, palafitte di legno o di bambù per i più poveri, incontriamo altri bambini, quelli che non hanno abbastanza forza per andare a schiamazzare nel fiume. Sono seduti con lo sguardo più triste degli altri, e la pancia ancora più grossa». Gli adulti sono rassegnati, sanno che non ci sono cure. «L'ospedale più vicino è a due ore di piroga e poi bisogna pagare le medicine, e quassù soldi non ce ne sono. Non è facile avvicinare le persone, tutti sembrano diffidenti ed anche un po' spaventati. La strategia del terrore fa ancora sentire il suo alito in Cambogia. In questi villaggi è facile morire anche per molto meno: basta una diarrea o una polmonite».

Basterebbero quei ventri gonfi per capire che la schistosomiasi c'è, a Sdau. Ma i genitori confermano, raccontando quel che succede ai bambini: «Ci dicono che a volte muoiono vomitando sangue: è la rottura delle varici esofagee», è la fredda diagnosi del medico, mentre angosciato l'uomo Urbani pensa a «cosa servirebbe per restituire la salute a queste persone...». Dodici centesimi di dollaro. Centottanta lire.

Il piccolo Huong, orgoglioso del suo ventre

Nel villaggio lo accompagna Huong, «silenzioso ragazzino con una fionda appesa al collo, un viso pallido e affilato, ed un enorme ventre che lo obbliga a camminare con la schiena curvata indietro, come una donna alla fine della gravidanza». La notte passa tranquilla per i cinque di Msf, rassicurati dagli abitanti del villaggio che mostrano loro gli AK47 con cui li difenderebbero dai Khmer Rossi. «Al mattino – prosegue il reportage su "Missioni Consolata" – cominciamo a distribuire il farmaco. Verrebbe voglia di curare anche tutte le polmoniti, congiuntiviti, anemie e quanto altro scorre sotto i nostri occhi». Il senso di impotenza è palpabile, ma ora la priorità è la schistosomiasi.

«Distribuiamo la dose di Praziquantel ad ogni abitante: in queste situazioni costa meno trattare tutti che esaminare tutti e poi trattare solo le persone infette». Perché il medicinale ha il prezzo che noi spendiamo per una caramella. O mezzo cioccolatino. Huong vuole essere il primo a riceverla, poi resta accanto a Urbani a fare «l'assistente». Si fa pure fotografare, «orgoglioso del suo ventre».

Ora la missione è compiuta, la piroga prende il fiume. «Dopo due giorni lasciamo il villaggio con un problema in meno, ma allontanandoci lo immaginiamo sprofondare di nuovo nell'isolamento e nella mancanza totale di cure mediche». Dodici centesimi di dollaro sono niente, ma moltiplicati per decine di migliaia di piccoli Huong che aspettano di essere guariti sono un costo insostenibile per quella gente. Senza contare che i villaggi sono quasi inaccessibili e gli stessi infermieri locali hanno paura ad avventurarsi in certe zone, a causa dei Khmer Rossi e dei banditi...

«Quando sei mesi dopo torniamo a Sdau, Huong è già morto». Per lui era troppo tardi, ma in molti altri bambini l'infezione è scomparsa: l'infermiere che aveva assistito l'équipe di Urbani aveva imparato a conoscere i sintomi e la gente era fiduciosa, forse per la prima volta. A piccoli passi il programma stava dando i suoi frutti: «Dopo tre anni di attività in molti villaggi le "pance grosse" stanno scomparendo, ma ne restano altre in attesa. Di un po' di salute e pace. E magari di una piroga di Msf».

Phnom Penh, la città del dolore

Tra una missione e l'altra «sul terreno» c'è il rientro a casa, a Phnom Penh. Ogni esperienza vissuta diventa patrimonio per la famiglia, soprattutto per Tommaso, che ha già l'età per capire ogni cosa. La realtà in cui li ha portati assomiglia più a un inferno: «Usciti dal cancello – scrive Urbani agli amici in Italia – ci immettiamo subito in un mondo crudo di povertà e sporcizia. Phnom Penh doveva essere una città proprio piacevole, e si può immaginare ancora oggi il suo vecchio fascino coloniale di Versailles d'Asia. Ma le cannonate, le bombe e le raffiche di mitragliatrice hanno lasciato il segno ovunque, e la città che sta rinascendo è tutto un contrasto di alberghi cinque stelle e disperazione da "Città della Gioia". E gli alberghi a cinque stelle non sono per spensierate comitive di impiegati giapponesi, ma per gli esigenti operatori del mercato illegale delle armi, della prostituzione, della droga o del legno [...]. A Phnom Penh vivono circa duemila terroristi e mercenari internazionali, e diciotto lussuosi hotel traggono ragione di esistere solo da questa ricca attività economica. I redditi della Cambogia sono tra i più bassi del mondo: un poliziotto guadagna trenta dollari al mese. Ne consegue che ogni scusa è buona per fermarti e per taglieggiarti. Io sono stato fermato due volte per dei divieti di svolta invisibili, ed ogni volta è una lunga contrattazione per stabilire il costo della corruzione». Le armi sono il pane quotidiano, persino il gendarme che fa la guardia all'entrata della scuola di Tommaso imbraccia un kalashnikov. «È l'arma più piccola che si vede in giro. Nei checkpoint notturni dell'esercito molti sono armati di B40 (un lancia granate) o altri lancia razzi da spalla. E di notte non si scherza».

Per riportare la capitale all'ordine il governo non ha trovato di meglio che varare un piano di sicurezza: 70 dollari per ogni ladro catturato, 60 se viene ucciso. «Beh, molti soldati o poliziotti hanno calcolato che forse è troppo rischioso portare in tribunale un ladro, magari è innocente e si perdono i 70 dollari. Allora meglio una scarica sul posto». Per il resto regna il Far West: «I soldati lasciano agli abitanti qualche mitragliatore e una cassa di munizioni. Poi che se la sbrighino loro. E gli abitanti fanno di più: se scoprono qualche mina senza saltarci sopra la recuperano e la piazzano intorno al loro villaggio per difendersi! Anni di violenza e di guerre non capite hanno alzato la soglia dell'indignazione in questo Paese».

Ma in Cambogia c'è anche la più alta concentrazione al mondo di organizzazioni non governative e agenzie umanitarie internazionali. E i giovani cambogiani hanno voglia di cambiare, se aiutati: «I nuovi virgulti in Ministeri, Università, Ospedali lavorano con grande e sorridente determinazione – testimonia Urbani –. Quello che di buono attecchisce qui sembra crescere con la stessa rapidità con cui le piante di orchidee o altre tropicali fanno, traendo beneficio dagli alti tassi di caldo e umidità. La struttura sanitaria comincia ora a presentare un aspetto che ne ricordi il suo fine. Msf è il primo partner tecnico del Ministero della Sanità [...]. Il mio lavoro è piuttosto impegnativo: la mediazione tra partner locali, staff di Msf Cambogia, Oms, Msf Ginevra e Swiss Tropical Institute e tutte le altre Istituzioni che mi forniscono supporto tecnico richiede un continuo impegno». Il diplomatico col camice alterna la piroga alla politica. «Ho già effettuato due missioni sul terreno, e toccare con mano porta la passione nell'impegno».

La lettera si conclude con una delle sue descrizioni da narratore, attento a tutti i risvolti della realtà che lo circonda: «E le giornate fuggono veloci, tra meeting e corsi di formazione, tra sbrigare la corrispondenza e scrivere guidelines, ritmate dal ronzio dei condizionatori, o dall'impetuoso precipitare di piogge monsoniche che con la regolarità di un impiegato di banca allagano le vie della città tutti i pomeriggi alle 17. Ed il Mekong sembra stanco di tutta l'acqua che ha ricevuto in questa stagione, dai pendii himalaiani, lungo le pianure della Cina, o le gole del Laos, e gonfio corrode gli argini».

Il presidente di Msf Italia

Certo il nome di Urbani non lo hanno mai sentito nominare gli zingari di Roma o gli africani e gli albanesi che sbarcano dalle «carrette del mare» sulle coste di Sicilia e Calabria. Ma ci sono pure loro tra le «vittime» con cui Carlo Urbani cerca, e trova, il «privilegio» del contatto: nel 1999, eletto presidente di Medici senza frontiere Italia, orienta l'organizzazione a lavorare con i poveri anche della porta accanto. A dimostrazione che il suo occhio attento ai bisogni e la sua formazione non gli permettono di discriminare tra i «segmenti più sfavoriti delle popolazioni», né di trovare più affascinante la missione quando è lontana da casa.

«La sfida mi sembra eccitante, e può darmi modo di canalizzare la passione che provo verso un impegno ben preciso e influente». Con queste parole Carlo Urbani accetta di essere presidente ed apre il suo discorso. L'entusiasmo deriva dalla pragmaticità: la nuova carica gli permetterà di concretizzare gli ideali in un «impegno influente». In pratica di agire.

Negli anni precedenti Msf Italia si era fatta notare, grazie soprattutto alla passione dei primi pionieri, catalizzando l'attenzione dei media e dei donatori, vera linfa vitale per un'organizzazione libera ed apartitica. Le richieste di arruolamento ora si accumulano, così come gli inviti in TV e le interviste. Il marketing ha raggiunto obiettivi insperati. «Ora la sfida più grossa è far gonfiare i contenuti su questa struttura, aggiungere più sapore all'efficienza, far emergere chiaro in ogni nostro atto quel famoso spirito Msf, misto di passione, abnegazione, ma anche competenza tecnica e voglia di raccontare».

Quel giorno le parole del presidente scendono dritte al cuore di quanti lo ascoltano e condividono con lui ogni emozione perché sono arrivati fin qui per le stesse strade. Il suo discorso di insediamento è quello di un condottiero ai soldati.

Il successo mediatico è solo un mezzo per raggiungere i veri obiettivi, così «per dare un senso alle nostre apparizioni pubbliche» programma una serie di temi sui quali investire le loro forze: il diritto alla salute, prima di tutto, ridotto a privilegio per pochi. La priorità della cura sul profitto. E l'orrore di migliaia di creature usate come cavie e poi dimenticate. L'indignazione aumenta, e con questa l'accorato appello ai colleghi, aizzati come un esercito prima di una eroica battaglia: «La testimonianza di Msf dai tanti fronti dove si combatte e si costruiscono argini a frenare l'avanzata di questo flagello, rafforza questo grido. Dei duemila pazienti che in Thailandia ogni mese raggiungono un ospedale per l'Aids, solo cento ricevono un trattamento sub-ottimale, e solo venti un trattamento completo. Forse è davvero nostro compito dire queste cose. E i nostri racconti dai campi rifugiati, dai tanti scenari di sofferenza dimenticati».

«La rabbia è l'esperienza ancora calda di chi torna»

I volontari che lo ascoltano sanno bene cosa brucia in lui, anche loro sono tornati da qualche missione, anche loro hanno inferni negli occhi.

Il loro raccontare a chi non sa è azione politica, testimonianza attiva, perché chi non ha voce possa gridare attraverso le loro gole: «L'esperienza ancora calda di chi torna, di chi non ha ancora fatto sbiadire nella routine monotona delle vite agiate e sicure in Europa la rabbia stridente» è vitale. Una rabbia positiva, che è benzina sul fuoco della passione per chi, come loro, non concepisce rassegnazione. E una rabbia che è giusto coltivare perché non si spenga dietro una scrivania: «Dovremmo forse ritrovarci più spesso – dice il neopresidente ai volontari Msf – per parlare di queste cose, per ritrovare il gusto dell'associazionismo ora assopito, che non viva solo in tecniche assemblee generali ma che sia davvero una fucina nella quale le nostre esperienze vengano fuse per farne affilati strumenti di comunicazione e sensibilizzazione».

È questo che deve distinguere Msf da tanti «pesanti apparati burocratici» senza più un'anima, dimentichi dello scopo per cui nacquero: «La polvere che si respira "sul terreno", e gli occhi arrossati dalla stanchezza nei brucianti tramonti, devono raggiungere i nostri uffici, animare l'associazione, scaldare il lavoro di ognuno anche nella freddezza di un libro contabile».

Collaborare, raccontare, restare uniti... Urbani è alla fine del suo intervento, i toni sono accesi, la commozione è palpabile, forse è il caso di stemperare un po': «Insomma, teniamoci in contatto per farci sentire meno lontani, o magari solo per farci sapere, come ha fatto oggi Enzo Falcone, immerso negli entusiasmi del suo fantastico lavoro in Vietnam, dove gestisce una efficiente clinica per prostitute e diseredati, che presto diventerà padre. Così ora lo sanno tutti, speriamo non me ne abbia!».

Il Nobel per la pace: «Perché a noi?»

È questa la domanda che si pone Urbani andando a Oslo nel 1999 a ritirare il Nobel per Medici senza frontiere: perché a noi? Un Nobel per la pace, oltretutto: «Cosa trasforma ostetriche, infermieri, medici e agguerriti logisti in strumenti di pace? Cosa trasforma il curare malattie, bendare ferite, in atti dall'alta valenza politica? Davanti ai microfoni possiamo urlare a platee incuriosite che il premio non è per noi, ma per l'idea che salute e dignità sono indistinguibili nell'essere umano».

«Abbiamo a stento controllato l'emozione (non sempre riuscendoci!) in queste giornate di caldo frastuono», scrive appena avuta la notizia. Di tante agenzie internazionali che operano nel Terzo mondo su mandato di istituzioni, governi e nazioni, l'assegnazione del Nobel è andata a un'organizzazione fieramente privata e indipendente, che reggendosi quasi esclusivamente sulla generosità dei donatori ha il pregio di non dover niente a nessuno.

Ho personalmente provato una stretta alla gola quando venerdì mattina un entusiasta giornalista mi gridava dall'altra parte del telefono: ma lo sa che lo stesso premio è stato assegnato a Martin Luther King o a Gandhi?».

Il Nobel a Medici senza frontiere ha per un attimo acceso le luci sui tremila operatori di pace, li ha fatti conoscere al mondo distratto. "Approfittando di questa inconsueta popolarità - conclude Urbani - lasciamo che i riflettori, illuminandoci, rendano visibili quegli scenari dimenticati, in Sierra Leone, Congo Brazzaville, Angola... affinché l'azione di domani (certo il Nobel non è il nostro traguardo finale!) sia ancora più efficace ed incisiva. E che i benefici del premio vadano a loro, alle vittime". I fondi del Nobel ricevuto da Msf sono stati spesi per portare i farmaci alle popolazioni che non se li possono permettere.

L'Organizzazione mondiale della sanità

Nel luglio del 2000, come sappiamo, la svolta definitiva nella vita di Urbani: l'assunzione all'Oms come coordinatore delle politiche sanitarie contro le malattie parassitarie nel Sud-Est asiatico. Non è il primo impegno con questa organizzazione: già nel 1993 Urbani era stato in Mauritania come «technical advisor» per i programmi di controllo dei parassiti intestinali. Ma ora per il medico e la sua famiglia è il momento di una scelta radicale: si tratta, questa volta «a tempo indeterminato», di trasferirsi in un Paese lontano nello spazio e nella cultura com'è il Vietnam, ma soprattutto di recidere tutti i legami affettivi a Castelplanio, dove restano le famiglie di origine di Giuliana e Carlo.

Nello stesso periodo gli viene offerto anche il posto di primario nel reparto di Malattie infettive a Macerata, ma Urbani non sa rinunciare a ciò cui tendeva da sempre: non solo il punto più alto della carriera di un medico, ma soprattutto il ruolo – alla testa dell'organizzazione che gestisce le politiche sanitarie nel mondo intero – che gli permetterà di essere concretamente influente a favore dei dimenticati. Inoltre sa che, passato qualche anno in Estremo Oriente, tra Vietnam, Laos, Cambogia, Cina e gli altri Paesi affidati alla sua supervisione, il traguardo finale sarà Ginevra, il cervello dell'Oms.

La sua scelta al momento lascia perplessi alcuni colleghi che lo conoscono a fondo: Urbani è l'antitesi della politica fatta di equilibri, alle pastoie burocratiche ha sempre opposto l'efficienza, alle parole i fatti. In più disprezza i cosiddetti «carrozzoni» dove, tra migliaia di operatori realmente votati a migliorare il mondo, si celano anche dinamiche che favoriscono interessi di parte: quelli che, a suo dire, «col tempo allontanano le grandi agenzie umanitarie dallo scopo per cui sono nate».

Ma Urbani sa anche che solo da dentro potrà cambiare le cose. E accetta. «Per lui significava lavorare per i deboli con grandi risorse umane ed economiche: questo gli permetteva di essere ascoltato, di poter incidere sulle politiche di aiuto, di agire in posizione privilegiata. Per di più aveva tutta la competenza per farlo, non era uno venuto su per meriti politici: quello era il suo posto», dice il collega Enzo Falcone.

La prima cosa che fa è trasferire all'Oms le strategie e le battaglie già condotte con Medici senza frontiere: nel passaggio da un'organizzazione all'altra Urbani mantiene fermi i suoi obiettivi, semmai amplificandoli grazie alla grande quantità di mezzi che ora si trova a disposizione. Non solo: non abbandona mai Msf, ma fa confluire la sua linfa nel grande fiume dell'Oms per la campagna a favore dei farmaci essenziali.

L'amore per il Vietnam

Passa poco tempo e l'esperto dell'Oms si innamora del Vietnam. Letteralmente. È un Paese arretrato, con forti problemi anche legati a un processo lento di democratizzazione, ma Urbani ne apprezza da una parte il carattere aperto della popolazione, dall'altra i reali sforzi compiuti dal governo. La scolarizzazione è giunta faticosamente al 95%, c'è un piccolo ambulatorio anche nell'ultimo dei villaggi. E per un medico qualunque essere ricevuti dal ministro della Sanità è questione di ore: basta prendere appuntamento. Urbani ammira tutto questo: saranno anche comunisti, dice, ma ce ne fossero...

Non perde mai il contatto con la gente. «Quando ministri stranieri e ambasciatori erano in visita, lui li mollava nei ristoranti e mangiava la zuppa nelle bettole tra gli abitanti del posto, entrava in tutte le case – testimonia un collega –. Un giorno uscì dal ristorante e andò a mangiare in macchina con un uomo di colore che era stato lasciato fuori, sotto il sole, a digiuno. Era l'autista di un operatore umanitario!».

I colleghi raccontano

La personalità di un uomo emerge più dai gesti ripetuti mille volte, dagli atteggiamenti quotidiani, che non dai pochi grandi eventi di una vita. Per noi che non lo abbiamo mai incontrato, conoscere il vero Urbani significa oltrepassare i filtri agiografici con cui i media lo hanno presentato e recuperare l'uomo. Gli amici e colleghi di Urbani, compagni di strada che hanno condiviso gran parte delle sue giornate, fianco a fianco per anni, lo conoscono così, per intero, e ce lo restituiscono con le sue qualità e le mancanze, la sua grandezza e le fragilità, convinti che l'eroe è tale solo se prima è un uomo come tutti.

Nicoletta Dentico: «Morendo ha dato nuova vita»

«La morte di Carlo è stato il più eloquente epilogo che la sua vita avrebbe potuto produrre». Nicoletta Dentico – direttore di Medici senza frontiere quando Urbani ne era presidente – traccia un ritratto nitido, basato su fatti prima che su sentimenti: «La sua morte racconta più di qualsiasi altra cosa la sua vita». È l'atto finale che addolora ma non sorprende, «l'esito di un'esistenza dedicata a portare aiuto dov'era necessario».

C'è poi un fatto inoppugnabile: «Morendo ha dato nuova vita». Non solo perché ha bloccato il contagio sul nascere, ma perché la sua scomparsa ha scatenato ovunque energia: borse di studio, nuovi ospedali, centri di ricerca, tutti dedicati a Carlo Urbani.

Fu proprio lui, da presidente, a selezionare Nicoletta Dentico come direttore nel 1999: «Conobbi da subito un uomo rassicurante, accogliente, con cui avevo molto in comune. Tutti e due eravamo partiti da Mani Tese negli anni '70, avevamo raccolto medicinali per il Terzo mondo, ma il tratto che ci accomunava di più era una passione condivisa per la Cambogia, dove sia lui che io eravamo vissuti: una nostalgia che chiamavamo "virus Khmer". Questo non significa che non ci fossero momenti di confronto: Carlo era diffidente verso molte associazioni di volontariato, spesso giudicava demagogiche e ideologizzate le organizzazioni non governative impegnate nel sociale. Aveva una visione critica che io trovavo un po' naïf, secondo la quale noi di Msf eravamo i migliori, gli unici puliti. Il fatto è che lui aveva sempre vissuto il volontariato come esperienza diretta, senza essere a contatto con il mondo della cooperazione, io invece venivo da quelle realtà. Ma era un dibattito aperto, che alla fine ci portava a convergere sulle cose fondamentali».

C'era un altro motivo di confronto tra i due amici, che fa luce sul pragmatismo di un Urbani idealista ma con i piedi per terra: «Una potente lobby che non nomino voleva donare molti soldi a Msf per il Kosovo. Per lui era pacifico che, poiché questi fondi andavano a un popolo stremato dalla guerra, dovevamo senz'altro accettarli nonostante la discutibile provenienza, per me invece costituiva un problema. Diceva che mentre noi discutevamo la gente moriva».

Quando Urbani scomparve, sul sito di Msf apparve il saluto a «un amico ironico, un volontario convinto, un medico appassionato, un presidente innovatore». «È tutto vero – conferma Nicoletta Dentico –, in poco tempo diede una sferzata di nuova energia all'associazione e la trascinò nelle campagne più incisive. Carlo era davvero medico senza frontiere, questa era da sempre la sua condizione esistenziale».

Non smise di esserlo nemmeno quando abbandonò la presidenza per passare all'Oms: «Msf e Oms non erano in contrapposizione, anzi, combinava le due forze». Come nella campagna per la produzione del *wormwood* (l'assenzio dolce), una pianta presente da secoli nella farmacopea cinese, tanto efficace contro la malaria che nel 2002 Msf ha avviato un progetto per diffonderla in tutti i Paesi falcidiati da quella che ancora oggi è una delle principali cause di morte al mondo. «Quando è morto stava collaborando con noi per portare ovunque la produzione della pianta e abbattere così il prezzo della Artemisinina, il medicinale derivato». Non c'è tempo da perdere: in molte regioni asiatiche e africane i vecchi trattamenti a base di clorochina non funzionano più contro i nuovi ceppi di malaria. Così, mentre nel mondo si muore per la puntura di una zanzara (dal 1980 la malaria ha ucciso 40 milioni di persone, in maggioranza bambini sotto i cinque anni), in Burundi o in Sudafrica, dove la Artemisinina è stata adottata, la malattia è calata in un solo anno del 70%.

Un successo tale che non possiamo non chiederci perché l'esperimento non si ripeta ovunque e subito. «Mi dispiace ma lei muore a causa del mercato...». Il motivo è sempre lo stesso, quello cui Urbani muoveva la sua guerra personale. «La cura con l'Artemisinina costa un dollaro e mezzo», spiega Nicoletta Dentico. Un dollaro e mezzo per non morire: un'inezia. Ma la clorochina costa dieci centesimi, quindici volte meno, per questo i governi rifiutano di adottare il nuovo farmaco. «È questione di priorità – spiega, ripetendo parole scambiate tante volte con l'amico –: ci si arma, si va a fare la guerra, si dissemina il terreno di mine, si investe nella morte, insomma, ma per salvare questa gente non ci sono gli spiccioli».

«Era nato attore protagonista e gli piaceva»

In via Volturno, a Roma, nella sede di Msf, ogni volta che tornava dal Vietnam Urbani andava a trovare i vecchi amici di cui era stato presidente: «Gli piaceva questo venire a riconfermarsi, a provare ogni volta la consapevolezza che il team era ancora con lui! Chi dice che era schivo non lo conosceva: Carlo ha accettato ben volentieri di essere una figura pubblica, non si dava arie però ci stava, e viveva appieno la gratificazione. Era un grande comunicatore, basta vedere con quanta soddisfazione è andato in Norvegia a ritirare il Nobel: ci metteva del suo, coglieva i dettagli, sapeva muoversi in maniera magistrale. Ma contemporaneamente era ricco di generosità che si traduceva in disponibilità: non si peritava di traversare tutta Italia anche solo per partecipare a una riunione interna, lo si poteva chiamare a tutte le ore. Ricordo poi la sua incredibile incapacità di prendersi troppo sul serio e la grande ironia, che era la sua intelligenza. Carlo era nato attore protagonista».

29 marzo 2003: «In poche ore il dolore fu mondiale»

In Italia della Sars Nicoletta Dentico leggeva sui giornali, come tutti, non sapeva che l'amico era malato. Solo la mattina del 29 marzo 2003 ricevette una telefonata da Bruxelles: «Carlo era appena morto e il direttore di Msf Belgio lo aveva saputo per primo. È stato un momento terribile». In via Volturno è calata una disperazione che tuttora si percepisce, come in una famiglia: «Non si può spiegare il vuoto che ha lasciato qui, solo chi ha conosciuto Carlo lo può comprendere. Per questo il nostro pensiero incredulo è andato subito ai familiari, privati di un affetto che anche noi di Msf avevamo avuto il privilegio di condividere. Quella mattina abbiamo preso contatto con i responsabili dell'Oms a Bangkok dando tutta la nostra disponibilità per qualunque aiuto, da un'eventuale quarantena per Giuliana ai rischi magari legati all'arrivo della salma: non c'era alcuna esperienza ancora su quel contagio, non si sapeva nulla».

Quello che seguì non se lo sarebbe aspettato nessuno. «Come direttore di Msf ricevevo telefonate da tutto il mondo, da Canada, Sudafrica, Argentina, Australia: di colpo Carlo Urbani era l'eroe universale. Io ero esterrefatta, era iniziato un incredibile processo di identificazione con quell'uomo. Cercavo di capire come fosse successo che in poche ore l'umanità si fosse improvvisamente accorta di lui. Non bastava che avesse individuato il virus né che ne fosse morto, doveva esserci dell'altro».

Dobbiamo ricordarci il contesto di quei giorni: quando l'attenzione di tutto il mondo era concentrata sull'Iraq e sui foschi venti di guerra che spiravano da mesi, di colpo dal buio spuntava quella figura di eroe puro. «La sua immagine di medico è diventata un po' per tutti il simbolo delle guerre giuste. L'attacco all'Iraq era stato annunciato nove mesi prima che avvenisse, vivevamo in uno stillicidio quotidiano di cattive notizie, c'era un'esigenza collettiva di trovare un esempio positivo, un paradigma di luce tra 11 settembre, crisi economiche, terrorismo, insicurezza globale... Arriva un Carlo Urbani, un guerriero antico che incarna valori che credevamo perduti, e in cui la gente, stupita, si identifica davvero. Finalmente una storia semplice, ma una storia vera». Una disamina appassionata ma plausibile, che spiega perché la sua morte ci toccò tutti.

«Eppure ce n'è una marea di Carlo Urbani nel mondo, medici che si spendono negli angoli più remoti della terra, infermieri, ingegneri, tecnici che rischiano più di lui, tra guerre e bombardamenti, e sarebbe Carlo il primo a dirlo. Grazie a Dio l'umanità pullula di queste persone, c'è un'ondata molto positiva nel mondo, io conosco personalmente tanti Carlo Urbani in Msf, all'Oms, votati alla causa degli ultimi e pronti al sacrificio».

È qui, negli uffici di via Volturno, che ha abbracciato per l'ultima volta l'amico. «Era passato per uno di quei suoi rituali di saluto assieme ad amiche con cui andava in deltaplano. Come sempre era pieno di progetti per cambiare una porzione di mondo. Tutta la sua vita è stata impegno, per lui era il modo di declinare il suo senso civile. Per il resto era un uomo assolutamente normale, non un santo: porlo su un altare significa dire che Urbani è unico, rinunciare a essere come lui. È la rimozione dell'idea che la vita la si può vivere anche così».

Antonella Giacobbe: «Un grande capo dalla vena comica»

«Quando andai in Cambogia tutti ancora parlavano di quel Carlo Urbani che era stato lì un anno con la moglie e i due figli e poi era tornato in Italia. L'ho conosciuto così: di fama. E chi sarà mai, mi chiedevo: medici, infermieri, pazienti, tutto lo staff raccontava di quel dottore... Poi l'ho conosciuto davvero, qui a Roma, e ho capito».

Antonella Giacobbe è una figura storica di Msf Italia, da anni responsabile della raccolta fondi: senza di lei non si va da nessuna parte. «Noi puntiamo sulla prevenzione: dall'Aids, alle mine antiuomo, fino alla salute delle prostitute nei bordelli infernali di quei posti. Per questo ogni operatore, quando torna da una missione, diventa un informatore e deve relazionare. Anche Carlo Urbani, come tutti gli altri, venne in ufficio da me e mi colpì subito per due aspetti: da una parte era una persona semplice, ma dall'altra mi presentava un lavoro di estrema competenza. In poco tempo è diventato presidente: è durato solo un anno e mezzo, ma è stato il periodo in cui Msf ha dato il meglio di sé».

Sono passati tre anni da allora ma «il presidente» ha lasciato la sua impronta: «Urbani incarnava Msf, nel senso che una grande organizzazione non può non essere "politica" ma non deve essere politicizzata, esattamente com'era lui – spiega Antonella Giacobbe –: ad esempio la nostra campagna per il diritto alla salute va contro le multinazionali e comporta la denuncia dei gangli di potere che impediscono ai due terzi dell'umanità di avere i farmaci. Quando ci lasciò lo prendevo in giro: ora sei un funzionario dell'Organizzazione mondiale della sanità, gli dicevo, ti burocratizzerai pure tu..., e lui serio: da dentro cambio le cose, ci vado apposta».

E aveva la stoffa del capo: «Di ognuno sapeva far emergere la parte migliore, un dono che aveva e che gli permetteva di tenere il gruppo compatto. Inoltre sentivi che ti comprendeva, anche quando non era d'accordo con te non rifiutava mai di ascoltare le tue ragioni, le valutava comunque. Come presidente non metteva mai in evidenza i contrasti, cercava sempre gli aspetti di equilibrio. Come litighi con una persona così? Non è possibile».

Ora molte innovazioni sono morte insieme a lui. «Aveva fortemente voluto una borsa di studio per medici e infermieri africani, così avevamo istituito per loro un corso di medicina tropicale con gli ospedali di Ancona e Macerata. Era il suo ennesimo sogno realizzato, ma è finito con lui».

Tra umorismo e dedizione

Tutti gli amici che ho incontrato in questo viaggio alla ricerca di Urbani, anche i più commossi, raccontano di lui sorridendo. «La sua simpatia ti resta dentro. Se dovessi descriverlo direi due cose: lavorava con grande competenza ma si divertiva anche molto in quello che faceva! Quando andò a ritirare il Nobel si prendeva in giro da solo, diceva a tutti che aveva vinto l'Oscar. Per andare alla cerimonia, non essendo certo un tipo da smoking, ne dovette affittare uno, poi lo dimenticò a casa... gliel'abbiamo spedito».

Faceva tutto con leggerezza, senza perdere il suo proverbiale buon umore. «Una signora ci fece una donazione molto alta ma voleva l'anonimato – continua l'amica –, così decidemmo di offrirle una visita a Bruxelles al centro operativo di Msf, e poiché era molto anziana Carlo la accompagnò». Una visita avventurosa, conclusasi con un malore della signora dopo la proiezione di un video un po' forte e l'incontro con alcune vittime di guerra. Urbani la portò in ospedale, poi chiamò Roma: «Che faccio? Non vuole telefonare al figlio e io domani devo essere al lavoro a Macerata...». Dagli uffici di Msf Antonella si offrì di partire subito e dargli il cambio. Ma dopo un po' Urbani richiamò: «Si è sentita meglio, l'ho caricata su un taxi, piazzata su una sedia a rotelle e di corsa l'ho spinta sull'aereo già in pista: l'abbiamo preso al volo!».

Aneddoti di cui poi amava ridere. Agli amici piace ricordarlo anche così.

Mauro Brecciaroli: «Mi disse: sono spacciato»

«All'università ci conoscevamo ma non c'era un rapporto particolare. Siamo diventati amici molto più tardi, perché condividevamo alcuni piaceri, in particolare il gusto di viaggiare». Il dottor Mauro Brecciaroli, medico generico nella zona di Jesi, vicino a Castelplanio, faceva parte dell'altro tipo di amici, quello delle avventure in giro per il mondo. E subito aggiusta il tiro con parole che – assicura – direbbe lo stesso Urbani: «Sembra quasi che fossimo dei santi. La realtà è che partivamo insieme per viaggi di piacere, poi strada facendo il modo per aiutare chi aveva bisogno lo trovava sempre. Un esempio: nel 1994 siamo andati in Africa, doveva essere un viaggio normale, ne è scaturita una campagna per la cura di centinaia di bambini gravemente ammalati. Noi colleghi lo seguivamo con altre intenzioni, poi i progetti e le idee nascevano da qualche occasione che lui sapeva cogliere. Devo ammettere che eravamo anche un po' incoscienti: un anno tornammo lui con il tifo, io con la malaria...».

Piccole paure, coraggio estremo

È un amico che abbassa i toni e di Urbani traccia i limiti umani: «Carlo non avrebbe gioito di tutta la bagarre nata intorno alla sua figura subito dopo la morte. Trovo irriverente e poco rispettoso, quando una persona non c'è più, raccontarla come non era. E Carlo l'avrebbe pensata come me». Proviamo allora a raccontarlo com'era: un padre di tre figli che sacrifica la sua vita per gli altri è un santo o un incosciente? «Se Carlo fosse stato certo che visitando quel paziente sarebbe morto a giorni, se davvero ci fosse andato così, sprezzante del pericolo come hanno scritto alcuni giornali un anno fa, non sarebbe un eroe, sarebbe uno stupido. In realtà ha preso tutte le precauzioni, e d'altra parte ancora non immaginava che cosa aveva di fronte: di quel virus non si conosceva nemmeno l'esistenza finché lui non l'ha individuato. Ha avuto la sfortuna di infettarsi, ma come può succedere a tutti coloro che per primi si trovano ad affrontare queste situazioni».

Fa parte del gioco, insomma. Certo, di un gioco come quello che aveva scelto lui: curare malattie, cercare i luoghi dove queste infuriano e i mezzi sono insufficienti o addirittura non esistono, scendere in campo in prima linea.

Un uomo vero, dunque, non un santo, e nemmeno dotato di un coraggio innato: «Nella quotidianità aveva molti timori – continua l'amico –, se sentiva un banale dolore subito pensava di avere chissà che, si preoccupava molto, il suo bicchiere lo vedeva mezzo vuoto, non mezzo pieno. Dico di più: non era certo un impavido, tant'è che lo prendevamo in giro perché aveva paura del buio e la notte non dormiva volentieri all'aperto nei nostri viaggi africani». Però? «Però virava a 180 gradi quando si trattava di portare sollievo ai bisognosi: in quel caso non lo fermava più nessuno. Tanto era pauroso nelle piccole cose, quanto era determinato nelle grandi imprese: aveva il coraggio di portare a termine azioni che spaventerebbero chiunque!».

Una trasformazione che subiva anche in un'altra occasione, quando volava in deltaplano: nessuno degli amici ci è mai voluto salire se non Brecciaroli. «Sono andato su con lui due anni fa, io stavo seduto dietro: mi stupì vedere com'era tranquillo lassù».

L'ultima telefonata

L'ultimo incontro risale al Natale 2002, pochi mesi prima della morte. «A novembre ero stato in Vietnam da Carlo e Giuliana con le mie figlie. Poi ci siamo visti a dicembre a Castelplanio: l'ho visitato perché stava poco bene, un'influenza con complicazioni respiratorie. Qualsiasi infezione, se ti prende quando sei già debilitato da eventi precedenti, è più violenta, e lui certo non si risparmiava: forse per questo due mesi dopo la Sars con lui è stata così rapida, ma sono solo supposizioni». Dopo qualche giorno Urbani e la famiglia sono tornati in Vietnam. Il resto lo sappiamo: il 28 febbraio 2003 la chiamata dall'ospedale francese di Hanoi, l'11 marzo la partenza per Bangkok e i primi sintomi, il 29 marzo la morte.

«Verso il 15 marzo mi telefonò, era ricoverato da pochi giorni a Bangkok. Mi disse che s'era infettato, che aveva visto l'evoluzione della Sars in Chen, l'americano che aveva curato ad Hanoi, e per questo era conscio che non ce l'avrebbe fatta. Difficile consolarlo da lontano, in una breve telefonata giunta all'improvviso, ma soprattutto che cosa dici a un medico, che cosa gli racconti? Aveva tanta paura per la malattia, ma soprattutto era preoccupato per i figli, la sua disperazione era la consapevolezza che non li avrebbe più visti. Fu l'ultima volta che lo sentii».

Non era il primo medico che moriva compiendo la sua missione, né sarà l'ultimo, eppure per lui indubbiamente si provò un'emozione diversa. «La forte emotività era dovuta a vari fattori – spiega Brecciaroli –: il tipo di malattia che teneva il mondo con il fiato sospeso e che aveva ucciso proprio l'uomo che l'aveva individuata. E tutta la sua incredibile vita fuori dall'ordinario. E poi quella lettera di cui la stampa venne in possesso, scritta al fratello Paolo prima di partire per il Vietnam, in cui Carlo parlava del suo sogno di portare il diritto alla salute ai disperati e del desiderio che i figli crescessero tra i problemi di quella gente, con gli occhi e la mente aperti sui grandi orizzonti della vita... Erano concetti elevati come il suo pensiero, quella lettera lo rispecchiava in pieno».

Emilio Amadio: «Quello strano presentimento»

«L'ultimo ricordo che ho di Carlo è molto strano e risale a Natale, tre mesi prima della morte. È venuto a trovarmi a Castelplanio. L'ho visto preoccupato, non so di che cosa, sinceramente, ma proprio lui, di solito dalla battuta pronta, mi ha guardato serio e mi ha detto: "Ricordati che sei il padrino di Luca, se mi succedesse qualcosa". Era un comportamento inspiegabile, non era da Carlo. Così, un po' imbarazzato, gli risposi: "Anche tu sei il padrino di Carlo, mio figlio"... Chissà cosa gli passava per la mente...».

Emilio Amadio, collega di Carlo Urbani, per trent'anni è stato uno dei suoi più intimi amici. «Ci siamo conosciuti molto giovani, nel 1974: eravamo compagni di università ad Ancona. All'inizio era un'affinità professionale, lui era ingenuamente affascinato da me per il fatto che avevo un anno di più, sapevo più cose, poi, quando già facevo la guardia medica, gli piaceva seguirmi, imparare. Ma con il tempo la nostra amicizia è diventata profonda, non parlavamo più solo di lavoro, preferivamo condividere confidenze e speranze».

Tra i primi ricordi il vortice di idee in cui il giovane Urbani trascinava gli amici: «Io abitavo a Maiolati Spontini, il paese che dal colle di fronte guarda Castelplanio, e subito lui mi coinvolse perché io convincessi il nutrito gruppo musicale di Maiolati a partecipare a un musical che Carlo stava mettendo su, *Caino e Abele*. Fu un successo. Lo stesso quando durante gli anni dell'università organizzò le vacanze per i disabili: io non ero ancora medico, ma ero il più anziano e qualcosa sapevo, quindi mi «elesse» dottore del progetto. Lui era così, un motore sempre in movimento, fin da ragazzo lo ricordo con un sacco di gente intorno. E sì che fisicamente era poco appariscente, un po' dimesso nel vestire, non si è mai dato arie nemmeno quando ormai aveva fatto tutta quella carriera: insomma, chi non lo conosceva poteva pensare che fosse un povero diavolo». Non è che fosse modesto, è che proprio non gli veniva neanche in mente di dover apparire. È per questo che nell'ambiente medico molti lo hanno sottovalutato fino alla fine, non hanno capito le sue scelte, lo hanno spesso ostacolato: «Sembrava strano uno che lasciava il posto sicuro di medico di base per fare l'Aiuto nel reparto di Malattie infettive di un ospedale. E che poi lasciava anche l'ospedale proprio quando stava per diventarne primario, per andare in Vietnam. Carlo usciva dagli schemi e questo a molti dava fastidio».

Inoltre era orgoglioso, anche ambizioso, ma di un'ambizione positiva: «Era consapevole di essere intelligente e gli dava fastidio la stupidità, specie se unita alla presunzione: molti la scambiavano per superbia, in realtà era l'uomo più umile che abbia mai incontrato».

Il mito di Albert Schweitzer

Gli amici di vecchia data sono preziosi testimoni del passato. Noi conosciamo la fine delle cose, loro ne hanno visto l'inizio: «A volte da ragazzo mi fermavo a casa sua per cena, poi restavo a dormire e allora Carlo la notte mi raccontava che il suo mito era Albert Schweitzer, il medico tedesco che nel 1913 lasciò tutto per stabilirsi in Africa e dedicarsi ai neri del Gabon, sul fiume Ogoué. Da bambino aveva trovato un suo libro nella biblioteca di famiglia e ne era rimasto affascinato: da allora aveva deciso di diventare medico come lui».

Sognatore Urbani lo è sempre stato: «Era lì che cenava insieme a te e di colpo si assentava, non ti ascoltava più. Gli succedeva spesso, io lo sapevo e non mi preoccupavo, ma chi non lo conosceva bene ci restava male: sembrava disinteresse».

In realtà la sua mente partiva per l'Africa, l'Asia... «Non l'ho mai seguito nei suoi giri perché sono molto più pauroso di lui – confessa il dottor Amadio –, ma è interessante capire che genere di viaggi fossero: Carlo coinvolgeva un gruppo di colleghi, una decina, i quali lo seguivano perché, diciamolo, lui per l'Africa era una guida sicura e i suoi viaggi erano sempre avventurosi. Carlo invece se li portava dietro in parte per spirito missionario e in parte perché voleva che toccassero con mano come deve essere un medico, che vedessero la vera sofferenza. Era molto critico con la nostra categoria qua in Italia, diceva che facciamo la vita comoda, che scriviamo ricette ma non stiamo accanto al paziente, gli prescriviamo medicine ma non lo curiamo. Non a caso si portava dietro tutti medici di base, e sceglieva proprio i più scettici, i più lontani dalla sua mentalità di cattolico. Mentre li conduceva in giro per l'Africa come turisti, trovava sempre il modo tra le righe di infilarci altri discorsi e incontrare uomini nel bisogno: cui portava dieci medici tutti insieme!».

Comunismo e consumismo

Nell'ultimo Natale Urbani non si è goduto come avrebbe voluto la sua vacanza a casa: il brusco passaggio dal caldo umido del Vietnam al freddo pungente delle Marche si era sovrapposto a un lungo periodo di affaticamento, minando il suo fisico. Volle che anche Amadio lo visitasse, gli auscultasse i polmoni. In quell'occasione l'ultimo loro dialogo: «Parlammo di politica, ma nel senso più profondo del termine». Urbani diceva che «la politica è pensare agli altri», che «scopo dei politici è assicurare il benessere a un maggior numero possibile di persone». Per questo non poteva schierarsi aprioristicamente con un partito, ma aderire di volta in volta ai programmi. «Era democristiano negli anni in cui altrimenti eri comunista: dal 1980 al 1985 era consigliere comunale di minoranza con la Dc. Negli ultimi anni simpatizzava per l'Ulivo. Nessun sistema di potere gli è mai piaciuto, è sempre stato critico nei confronti della gerarchia fine a se stessa e non sopportava che la politica diventasse lo strumento per proteggere interessi personali e creare privilegi, in un piccolo paese come a livello mondiale. A Natale, addirittura, parlando della situazione internazionale, del divario tra ricchi e poveri, dell'accesso ai farmaci, delle multinazionali Usa, della guerra in Iraq che non condivideva, mi disse: "Emilio, qua va a finire che stando in Vietnam rivaluterò persino i comunisti: laggiù non avremo quel che avete voi qua, e i medici non fanno la vostra bella vita, devono sgobbare parecchio, però quanto si è più sereni senza il consumismo!"».

Dei momenti più intensi di un'amicizia trentennale non parla, perché «i ricordi più intimi sono anche i più dolorosi, legati a un periodo di grande crisi interiore: aveva subìto una terribile delusione, lo vidi improvvisamente fragile, inerme e io ero immensamente felice di stargli vicino»: nell'eroe tutto d'un pezzo descritto dai giornali esistevano invece crepe tanto umane. «Che cos'era Carlo per me?». Ci pensa su poi risponde: «Mio figlio si chiama Carlo...».

Enzo Petrelli: «Un amico geniale e maldestro»

«Ho conosciuto Carlo nei primi anni dopo la sua laurea, quando cominciò a frequentare il reparto di Malattie infettive di Ancona dove lavoravo come assistente. Alcune cose lo caratterizzavano: l'intelligenza vivace, l'entusiasmo, la disponibilità, la cordialità, l'arguzia e un innato senso dell'ironia e dell'amicizia che gli permettevano una naturale facilità nei rapporti. Ricordo per la verità anche qualche suo gesto o atteggiamento talora maldestro che, percepito da lui per primo, scatenava risate irrefrenabili se solo ci guardavamo negli occhi. Un giorno in corsia si ferì le orecchie: nel mettersi lo stetoscopio per auscultare i polmoni di un paziente allargò troppo le due astine per scimmiottare il tono solenne di certi colleghi boriosi. Le lasciò andare proprio nel momento in cui perdevano le protezioni in gomma e i ferri gli entrarono direttamente nelle orecchie».

Il dottor Enzo Petrelli, primario della divisione di Malattie infettive all'ospedale San Salvatore di Pesaro, era un altro dei colleghi «maestri» prescelti da Urbani: «Poiché avevo sette anni di più, si fidava molto della mia opinione, nella professione come nella vita. E in parte sono stato la causa della sua evoluzione: fui io a proporlo all'ospedale di Macerata come Aiuto nel reparto Malattie infettive, quando essere da dieci anni medico condotto ormai gli stava un po' stretto». Si trattò di un'inversione di rotta importante, una virata professionale che Carlo fece con coraggio. La sua passione per la parassitologia si svilupperà proprio lì, fino a portarlo alle grandi scelte successive.

La strada della medicina di base, dunque, era stata «un po' forzata», dovuta alla mancanza di una sistemazione in ospedale, ma non per questo Urbani ci aveva messo meno passione: «Già come medico condotto era riuscito a vivacizzare il rapporto con i pazienti organizzando un sistema informatizzato che per l'epoca era a dir poco avveniristico e che seguiva con dedizione e competenza. Portava ovunque genialità e innovazione».

Lo stesso successe quando passò all'ospedale di Macerata, tra i malati di Aids e di altre patologie infettive. In reparto si allestì da solo, con pochi mezzi, un piccolo laboratorio di parassitologia che funzionava in modo eccellente, il che gli permise di fare diagnosi brillanti e ottenere ottimi risultati clinici. In breve tempo il suo successo con i malati e con il personale, dovuto alle doti umane e professionali, lo portarono ad essere un riferimento nell'ospedale di Macerata: «Letteralmente i pazienti lo adoravano. Quando infine nel 2000 gli proposero di diventare primario, e contemporaneamente l'Oms gli offrì l'assunzione, venne da me a chiedere consiglio e io, conoscendolo, gli risposi che anche il primariato a lui stava un po' stretto... Non si è mai pentito di aver scelto il Vietnam».

C'era una costante, in lui: qualsiasi cosa si mettesse a fare gli riusciva. «Era incredibile la facilità con cui trasferiva nella pratica qualunque idea a prima vista complicata. Ricordo ad esempio il suo approccio con il computer, a quei tempi ancora oggetto misterioso per tutti noi: nel giro di una settimana, da perfetto autodidatta, era riuscito a organizzare database gestionali, grafici e una serie di programmi che suscitavano in noi grande meraviglia». Ma lo stesso capitava con pentole, strumenti musicali o lingue straniere: all'inizio non masticava una parola di inglese, dopo un po' teneva conferenze nel mondo.

Spaziano dal divertito al commosso, gli episodi che racconta. «Se proprio dovessi trovargli un difetto, l'unico è che era un po' smemorato, questo sì. Ma Carlo era candido, *nature*, non si formalizzava in niente. Ricordo quando si comprò la prima auto, una vecchia 128 di seconda mano. Ce la mostrò soddisfatto dicendo che era perfetta, il suo più grande affare. La mattina dopo non arrivava mai, eravamo preoccupati... Si presentò con quattro ore di ritardo, in autobus».

Se poi dei successi professionali parlava spesso, anche con orgoglio, di tutto ciò che era volontariato non diceva nulla: agiva senza parlare. «Era entusiasta del suo lavoro, delle sue ricerche e dei progetti, che tuttavia mi esponeva come fossero le cose più semplici del mondo»: «Carissimo Enzo – è l'e-mail che Urbani invia al dottor Petrelli dal Vietnam nell'autunno 2002 –, da noi tutto scorre regolarmente, sballottati tra mille cose in una vita che se difetti ha non è certo quello di sentirla vuota! C'è stata una certa animazione qui in ufficio, per il suono delle sirene che accompagnavano il corteo di Clinton appena arrivato ad Hanoi (è proprio passato qui sotto!). Certo si ha la sensazione di vivere nella pagina di un libro di storia in questo momento. Sono appena tornato dal Giappone, dove ho tenuto una lezione magistrale (era scritto così nel programma!) nella sessione plenaria della assemblea dei Parassitologi d'Asia, con rappresentanti anche dalle federazioni Europee ed Americana. Che fatica... ho parlato 40 minuti su

"Burden of helminth infections", con 20 minuti di domande! Il 3 dicembre invece sono invitato dall'Istituto di Medicina Tropicale di Anversa, per parlare nell'annuale incontro internazionale. Peccato essere così vicino all'Italia e non fare un salto a casa... infatti da lì volo rapidamente a Bangkok, dove sono chairman nell'International Tropical Medicine Meeting 2000. Come vedi da non annoiarsi... ed oltre a queste presentazioni, che sono considerate una attività accessoria (!), l'impegno per le quotidiane attività scientifiche e politiche».

Alla fine c'è un passaggio che meglio di tutto descrive il modo di lavorare di Carlo e di intendere la carriera. L'approdo all'Oms, al top, come dice lui, significava una grande soddisfazione personale, ma soprattutto il mezzo concreto per agire tra i potenti in favore degli inermi: «Riguardo il mio lavoro, credimi Enzo, sono certo di aver fatto una scelta eccellente. Non immagini le prospettive che offre, le enormi sfide, il grande impegno che richiede, ma mi muovo nel top, sia della parassitologia che della salute pubblica. Molti sogni che si accompagnavano all'acerbo entusiasmo dei primi tempi da medico, alimentati dall'entusiasmo e dalla professionalità di medici come te che ho potuto incontrare, sembrano ora essere semplicemente la realtà».

Nel novembre 2002 il dottor Petrelli e la famiglia sono ad Hanoi ospiti degli Urbani e lì il collega, che già lo aveva visto crescere per anni nella professione, tocca con mano la nuova dimensione in cui Carlo si muove e opera: «Sono rimasto colpito dalla passione che aveva per quella gente, un vero e proprio affetto personale. Mi portava per villaggi, tra gente che aveva poco o nulla. Io, come fa qualunque turista nei mercati esotici, contrattavo sul prezzo. Ma mi accorsi che lui letteralmente ci soffriva, "dai, lascia, a te che ti costa", diceva. Mi colpì il tono, ci stava male davvero... Tutti erano suoi pazienti, laggiù, non solo i malati».

Parte terza

IL CREDENTE

Si dice in genere che non esiste mai una situazione con il bianco ed il nero ben distinti, ma che si può trovare della ragione e del torto ovunque. Occorre invece saper distinguere dove il Bene sta, e dove il Male si annida. Le altre letture più equilibrate e moderate mi sembrano sempre più gravi ipocrisie.

Carlo Urbani

Abbiamo già incontrato suor Anna Maria Vissani: oltre che l'amica più cara di Carlo, col tempo è diventata via via la confidente, la persona cui poteva rivolgersi in qualsiasi momento felice o drammatico della vita, aprendole l'animo senza riserve. Infine la guida spirituale, con l'aiuto della quale affrontava le tempeste che la vita in certi periodi gli riservò. Accanto a lei – una vicinanza spirituale quando non fisica – sapeva rinascere e ritrovare ogni volta in sé l'energia e la motivazione per continuare la salita, sempre più in alto, sempre più consapevole. Li legava una fede intensa e concreta, tradotta nel vivere quotidiano. Non c'è alcun dubbio che nei giorni dell'agonia il suo pensiero sarà volato all'amica lontana, con la quale avrà idealmente dialogato, trovando ancora una volta nelle sue parole la forza per dire l'ultimo sì, il più difficile.

Suor Anna Maria ha conservato molte delle lettere con cui negli anni sono rimasti vicini anche quando erano lontani e ha deciso di lasciar pubblicare le più significative per la prima volta in questo libro. Non tutti i passaggi saranno comprensibili per noi che non conosciamo le singole vicende, ma quel che conta, e che emerge in modo integro e coinvolgente, è il patrimonio umano e spirituale che Carlo era ed è.

Prima di questo straordinario epistolario, riportiamo il testo introduttivo che la stessa suor Anna Maria Vissani ha voluto scrivere.

Insieme, per mano

Quando un uomo inizia a prestare attenzione alla sua interiorità, fa un notevole passo in avanti per decifrare la sua sofferenza e guarirla. Carlo ha saputo riconoscere i tempi di prova, i momenti di oscurità e di dolore che lo sottoponevano a un certo stallo, e con prontezza si è messo in ascolto della sua interiorità, decidendo non solo di prendere tra le proprie mani la vita, ma di lasciarsi aiutare a lenire il dolore.

Ci fu un particolare periodo in cui dovette superare momenti di sconforto, nei quali si trovò a fare scelte significative e a prendere decisioni per la sua vita privata, che resteranno per sempre tra lui e la sua consigliera spirituale. Fu allora che mi scrisse: «Suor Anna Maria, voglio tornare a volare al più presto!».

In quella fase ebbi modo di entrare più in profondità nel mondo interiore di Carlo e delicatamente accompagnarlo sulla via della ripresa umana e spirituale, mediante la soluzione positiva della prova. La sua intelligenza, unita all'onestà interiore, lo spinse a una ricerca sincera per riprendersi da quello che lui definiva «lo stallo».

Le lettere che dono alla lettura di chi desidera entrare nell'interiorità di Carlo manifestano la particolare relazione spirituale che ha avuto con me in quanto religiosa e sorella nel Signore. Esse sono come una piccola finestra sul balcone del mondo, da cui esce un fascio di luce così intensa da stupirci: un faro che permette di individuare i lati più luminosi della generosità e della forza d'animo.

Il dialogo che ha legato le nostre esistenze, è nato dal coraggio di Carlo di incontrare se stesso e superare la frantumazione quotidiana della vita, ricercando l'attenzione alla famiglia, ai figli, alla moglie, insieme ad una accorta lettura della «leggenda personale» che ha inseguito sempre con onestà e verità. Si è lasciato guidare nella vita da quella «fortezza» che scoprì di possedere fin dall'adolescenza e nello stesso tempo ha saputo versare lacrime di umiltà e di dolore quando le ferite hanno sanguinato. Proprio allora la voglia di volare si manifestava in fortezza d'animo provata al fuoco delle sconfitte.

Nel suo lavoro di medico, poi, ha brillato come uomo competente, aperto alle sfide della storia e al grido dei più deboli. Queste due anime sono state le ali che lo hanno portato da un continente all'altro, oltre le frontiere dell'egoismo e del comodo vivere nel chiuso della sua sola famiglia o poco più. Il vento che ha accompagnato i suoi voli era quella particolare interiorità che si manifestava come ricerca continua di un di più di vita: dialogo interreligioso, amicizia maturata all'ombra di scelte genuine, e grande amore alla famiglia, amore che non sempre poteva essere compreso da chi lo osservava superficialmente.

La sua fede era un insieme di tasselli di luce, che raccoglieva nel silenzio dei lunghi viaggi, nello stupore dei tramonti, negli incontri con i più poveri che gli manifestavano la dignità dell'essere persone. Tutto diventava per lui percezione di una segreta Presenza, che illuminava la sua interiorità e si rifletteva sulle scelte a favore dei più deboli. Così come narra questa storia cinese: «Un giorno il sole si frantumò in migliaia di pezzi, che si sparsero al suolo in una valle remota. Le tenebre calarono sulla terra, e una grande desolazione regnava in ogni luogo. Gli uomini non sapevano che cosa pensare. Si riunivano a discutere, ma intanto il tempo passava senza che nulla avvenisse. Di giorno si accendevano i fuochi per rompere le tenebre, di notte si aspettava la luce della luna. Un monaco, che aveva la sua cella vicino alla valle dove erano caduti i frammenti del sole, guidato dai timidi bagliori, cominciò a raccogliere i piccoli pezzi luminosi e a riunirli. Trascorse molti anni in questo silenzioso lavoro, ma alla fine il sole tornò a splendere e ricominciò a illuminare le albe e i tramonti.

Quando giungeva sopra la cella, si fermava un momento, per restituire un po' della luce e del calore che il monaco gli aveva fatto riacquistare».

Così Carlo è vissuto. Non in una cella nascosta ma nella piazza della vita internazionale e di lì ha cercato di raccogliere «piccoli pezzi» di quella giustizia umana e sociale che il mondo ha frantumato nelle valli delle povertà e delle guerre senza senso. Ora Dio, che si fa voce di gratitudine attraverso di noi, si ferma per qualche istante sulla sua storia e gli restituisce la luce e il calore che in vita Carlo ha cercato con appassionata serietà, fedele a se stesso.

Negli ultimi mesi percepiva la pienezza di questa fatica come gioia interiore: «Ringrazio Dio per tanta generosità nei miei confronti, e mi sforzo di sdebitarmi lasciando che i miei "talenti" producano germogli e piante».

Poi la morte ha racchiuso in sé tutta la forza e l'amore per la vita di questo medico che ha voluto credere all'abbattimento delle frontiere, uomo vero e generoso che si è dato senza posa. E il sole è tornato a risplendere per tutti coloro che in qualche modo hanno conosciuto Carlo.

Il giorno del suo funerale pregavo: «Ti rendiamo grazie, Signore, per i segni di luce che doni a questo nostro mondo. Tu hai seminato nel cuore di Carlo germi di speranza e di coraggio. Dona anche a noi di amare senza temere di perdere la vita e di testimoniare la verità e la giustizia a favore dei più deboli».

Suor Anna Maria Vissani

Le lettere a suor Anna Maria: lo scrigno dello spirito

Castelplanio, 7 gennaio 1995

Cara Suor Anna Maria,

non è facile scriverti. Come non è facile in genere parlarti, e non per un tuo non saper ascoltare, ma anzi per la tua acuta capacità di intelligere, che obbliga ad esporre i pensieri nel modo più lucido possibile. E di cose ne avrei tante da mettere giù, ma sento già la noia che una ininterrotta serie di grigie e gementi sensazioni potrebbe causare anche nel più paziente lettore. Ho pochi argomenti per brillanti conversazioni, ne avevo. Ho poca possibilità di farti sorridere quando parlo di qualcosa, ne avevo. Ed ho pochi progetti da esporti, per farti brillare gli occhi, ma ne avevo. E se già stai pensando «ma guarda questo come si è depresso, che momentaccio che ha scelto per scrivermi», credimi se ti dico che ti sbagli. Ho invece scelto un momento in cui mi sento più sereno.

Da adolescente, verso il 2°-3° anno di Liceo, seguivo un personaggio carismatico che era la mia insegnante di filosofia, e con lei ho scoperto alcune cose. In freddi pomeriggi invernali in cui non potevamo passeggiare a piedi o con il motorino, io ed un gruppetto dei miei compagni andavamo a farle visita, in un convenzionale appartamento in piazza Bramante, a Jesi, dove viveva sola con un anziano genitore. Ci faceva entrare in un salottino pieno di libri, ordinato, e con un costante odore di chiuso. In quei pomeriggi, avanti ad una tazza di the, parlavamo dei personaggi nei quali più credevamo: noi. A turno ci faceva sedere al centro del salotto, ed autorizzava gli altri a martellare di domande il protagonista dell'incontro. A volte le domande graffiavano, altre volte colpivano nell'intimo, con la cattiveria che in quegli anni era utilizzata come arma, e così a volte qualcuno, seduto al centro, scoppiava a piangere. Poi lei mediava, aiutava, suggeriva, e concludeva, disegnando, sempre con nostro grande stupore, i tratti della personalità dell'intervistato, nei quali immancabilmente lo stesso si ritrovava perfettamente. Quando venne il mio turno non piansi, riuscivo anzi a divertire i compagni e la professoressa, rispondendo in modo brillante e ironico a tutte le domande. Quella sera uscimmo tutti con allegria ed insieme con la professoressa andammo a prendere un pezzo di pizza in piazza. Per il freddo camminavamo a braccetto, e la mia insegnante si strinse al mio fianco: «Carlo, ammiro la tua forza, so che non ti mancherà mai e che ti permetterà grossi traguardi». Ricordo bene quelle parole, perché da allora ogni tanto me le ripeto. Allora, ad appena 17 anni, sentirmele dire da chi ritenevo una grande autorità, una fine conoscitrice della psiche e dell'anima, è stata una incredibile vittoria. Divenni così anche più forte. Ricordo di averle raccontato, calpestando il freddo asfalto ricoperto da un sottile strato di gelo di Via Cavallotti, di un fatto che mi aveva tanto colpito: due anni indietro era accaduto un fatto che, sin da bambino, avevo sempre temuto con orrore: la morte di una persona cara*.

* In quella casa di piazza Bramante, a Jesi, 30 anni dopo ho trovato ancora «la professoressa di Filosofia»: solo così chiede di essere citata, «come nella lettera di questo ragazzo». Ha voluto che gliela leggessi e ascoltava attenta, intercalando con stupiti «sì, è così... è proprio vero». Dopo 40 anni di insegnamento e centinaia di studenti, di Carlo Urbani ricordava ancora qualche tratto essenziale. Le ho chiesto se non la colpisse il fatto di avere – con una sola frase – influenzato il carattere e le scelte di un'altra persona: «È una cosa meravigliosa ma non mi stupisce: a un insegnante capita spesso». Di Carlo sapeva, dai suoi compagni, che «era impegnato nella medicina», ma non che vivesse all'estero, non del Nobel, non della carriera. «Ho conosciuto la sua storia solo quando è morto: ignoravo tutto e rimasi molto colpita. Il giorno del funerale non sono andata fino a Castelplanio, ma alla stessa ora alla Madonna delle Grazie, qui a Jesi, facevo dire una messa per lui». Di questo suo «ragazzo», come ancora lo chiama, ricorda «l'ironia e l'alone di mistero che aveva intorno». A lui pensa come a «un anatroccolo divenuto cigno splendente. Perchè anatroccolo? Perché i ragazzi, a scuola, non lasciano del tutto intravvedere le loro potenzialità, il loro vero "sì" nascosto, cercano di non rivelarsi per pudore, difendono la loro interiorità. Eppure Carlo, già negli anni del liceo, dava segni di disponibilità. Accettò la proposta di impegnarsi per vivere i giorni di scuola tra persone, non tra compagni e insegnanti. Occorreva conoscersi meglio e si attuò l'iniziativa di rivedersi nel pomeriggio fuori dalle ore di lezione. Inizialmente ci si vide a scuola, poi a casa mia. Furono chiamati tutti, ma non tutti vennero. Si formò così un gruppetto che si riuniva per conoscere

Con noi viveva nonna Angela, che mi svegliava aprendo le persiane tutte le mattine che ricordo dei miei primi 14 anni. Era il bersaglio dei miei scherzi, e lei era la prima a divertirsi. Mi piaceva la sera, d'inverno, infilarmi nel suo letto scaldato con il prete e la monaca [l'intelaiatura di legno che si infila fra le lenzuola per reggere lo scaldino, *nda*], ed è stata lei ad insegnarmi il gioco delle carte così che, quando tornavo da scuola, passavo una mezz'ora a giocare con lei a canasta per cercare di vincerle qualche cento lire. Ridevamo tutti per il suo candore, ed il suo raccontare di quando insegnava furono le mie prime lezioni di storia, e trovavo incredibile ascoltare una persona viva parlare di cose che credevo appartenessero solo ai libri.

Io crescevo, ma nonna mi sembrava sempre uguale, aveva smesso di invecchiare, pensavo che forse era già abbastanza vecchia. Una delle sere che mi sono coricato nella sua stanza, magari dopo aver visto un film che mi aveva spaventato, mentre stavo per addormentarmi sul vecchio letto al fianco del suo, iniziai a tremare dal terrore: non la sentivo respirare. Mi alzai di scatto: «Nonna, Nonna!». E lei spaventata aprì gli occhi: «Che succede, Carletto?». Risi, e mi addormentai felice, ma turbato pensando che forse un giorno sarebbe potuto accadere davvero. Quel giorno arrivò d'agosto: stavo facendo il bagno, e coperto di schiuma sentii l'urlo di mia madre. Con un asciugamano addosso corsi in quella camera, e nonna era seduta in poltrona, occhi aperti fissi

meglio se stessi e per entrare in un dialogo profondo, non limitato al solito frasario di compagni di scuola. Ricordo che Carlo passava leggero e con modestia fra i suoi compagni, attento ad ascoltare umori ed esigenze. L'interesse per l'uomo lo mostrò anche nella scelta dell'argomento di storia che volle approfondire e relazionare in classe: Carlo scelse gli indiani d'America e le civiltà di Aztechi, Maya e Incas, interessato proprio a conoscere questi popoli non europei, ridotti ai margini dai conquistatori spagnoli. A me sembra questo già un segno della sua propensione matura verso i popoli extraeuropei, perché abbandonati e bisognosi di tutto. Carlo, apparentemente compassato e tranquillo, amava il rischio, la novità e le esperienze forti. Sembrava riservato e lo era, ma amava socializzare e sentiva profondamente le questioni sociali e le problematiche umane esistenziali. Anche dopo gli anni del liceo, la sua figura mi è rimasta sempre nella mente, chiara e non confusa con altri. Allorché me ne parlavano, il mio ricordo non faceva fatica ad affiorare: il suo volto, il suo sorriso (che a volte poteva sembrare ironico e lo era), il suo ricercare qualcosa di più, di più vero, di più autentico, accompagnato da un alone di mistero, mi si presenta anche oggi, a distanza di tanti anni».

nel vuoto, con della bava che le scendeva dalla bocca semiaperta. Non respirava più.

Passai la notte della veglia a pensare come affrontarlo e comportarmi di fronte ad un fatto così grave ed inconcepibile, per la mia mente di allora, e mi imposi di reagire. Alla Messa prima, e al Funerale poi, accadde una cosa strana, della quale chiesi spiegazione alla professoressa: mi veniva tanto da ridere. Al funerale trovavo note comiche su tutto: come era vestito quello, come piangeva quell'altro, come parlava il prete, la finta partecipazione del becchino, tutto causava in me singulti di riso che a stento controllavo. Me ne vergognavo, ma mi veniva tanto da ridere. E non lo dissi a nessuno, pensando che fosse segno di una mia immaturità e di puerilità Ma la professoressa, dopo aver ascoltato in silenzio, mi disse: «Tutt'altro. Era quello il tuo modo di reagire. Tu hai una fonte inesauribile di risorse, che usi, volta a volta, per difendere te stesso e il tuo equilibrio. Così facendo nulla può metterti in crisi irreparabilmente. Ridere ti serviva per non gridare, e per conservare la serenità che tua nonna ti aveva trasmesso». Ci pensai su, e conclusi che forse aveva ragione. Negli anni altre volte ho sperimentato questo mio sapermi chiamare fuori al momento giusto: quando qualcosa sembra travolgermi, io trovo una ragione, studio una alternativa, penso alle comunque positive conseguenze, tutto per restare diritto. Ho sempre pensato che se si distrugge una macchina in un incidente, per prima cosa bisogna pensare a come potrebbe essere più bella e più comoda quella che si comprerà poi in sostituzione. Certo poi sopravviene il rammarico grave per l'incidente, il danno economico, le ferite, ma tutto cade già su un sottofondo di positività, ed affrontare i singoli problemi poi è più facile. Crebbi con questo motto: so difendermi. Con gli anni conobbi sempre prove più impegnative, dure, dolorose. Conobbi il dolore di altri, e passai pomeriggi per cercare di trasmettere questo mio pensare positivo all'amico in difficoltà. Maturavo nel tempo nella Fede, e riuscivo tanto bene a trasmettere speranza che mi trovai invitato a predicare in una settimana missionaria in un paese del Salernitano. Parlai tanto a

Pertosa, e ancora conservo le lettere di riconoscenza che ricevetti in seguito.

E la vita continuava, conobbi anche l'esperienza dei miei primi pianti da adulto, per un amore doloroso, ma duravano poco, e ne uscivo con un sorriso. Il 3 agosto del 1989, alle 7 del mattino stavo praticando un massaggio cardiaco a mio padre. Pochi secondi prima avevo visto fallire il tentativo di iniettargli in una vena dei farmaci cardiotonici. Di quel chiacchierone di mio padre feci in tempo a carpire un'ultima frase, mentre cercavo di fargli un'altra iniezione: «Questa volta, Carluccio, neanche tu puoi farcela». Mi credeva il miglior medico del quale potesse disporre. Nel sottofondo il parlare di disperazione di mia madre, ed il silenzio sgomento di Paolo, che, arrivato da poco nella stanza dove si consumava quel fantastico rito del distacco, osservava il mio frenetico agire sul corpo di nostro padre. Interruppi il massaggio quando rividi brillare la luce della vita nei suoi occhi di nuovo aperti. Ma nel silenzio li richiuse. In ambulanza l'urlo della sirena mi trovava freddo e distante, stavo rianimando mio padre secondo un rigido protocollo dell'emergenza medica. Questo era quello che vedevo in quel momento. Per radio avvisai i colleghi del Pronto Soccorso che stavo portando loro un uomo in arresto cardiaco per verosimile infarto miocardico. Risposero che avrebbero allestito il defibrillatore ed avvisato il rianimatore. Ringraziai, ed in aggiunta dissi «...ah, quest'uomo è mio padre». Dopo Moie [è il paese più vicino a Castelplanio, *nda*] bussai sulla spalla dell'autista che ci stava portando a 150 chilometri orari verso Jesi: «Può rallentare ora». Babbo era morto. Per la prima volta gli carezzai il viso; non l'avevo mai fatto prima. E ringraziai Dio di essere lì, a tenergli una mano, e ad evitargli battute contro le strutture dell'ambulanza che sobbalzava nella folle corsa. Sembrava guardare sereno il suo Carluccio, quasi volesse essere lui il primo a farmi forza e a dirmi «Coraggio!». Di nuovo sorrisi, pensando a mio padre, e alle sue sempre grandi mire e ambizioni. Ho sempre ringraziato Dio di quel magnifico regalo, ed ancora oggi il dolce sapore di quel tenero momento a volte mi scalda il cuore. Anche lì avevo saputo reagire, pochi pianti, tanta dignità, e tanta serenità. Poi negli anni questa capacità di reagire talvolta assunse le fattezze di uno scudo coriaceo dietro il quale mi nascondevo da fastidiose discussioni, non lo volevo, ma a volte le facevo. E comunque tiravo dritto, verso traguardi che mi ponevo di volta in volta, sempre più lontani, credendo nelle parole di Maryl Beecham: «Devi scoprire ciò che ogni bambino che sogna deve sapere. Non esiste un orizzonte tanto lontano che non possa essere raggiunto, o superato». Verso quegli orizzonti camminavo, trascinando Tommasino e Giuliana, convinto dell'amore che per loro provavo, e contando in un reciproco sentimento da parte loro.

È sopraggiunta la prova, con un dolore immenso...

Pochi giorni fa a Macerata un paziente mi ha chiesto quanti anni avevo, ho risposto 37, ed ho aggiunto: 37 meravigliosi anni.

Ringrazio Dio per l'impetuoso fiume di gioia dove galleggiano stupendi ricordi, per il quale sono sceso in quei primi 37 anni.

E prego Dio perché un giorno, dopo questo tempo di prova, le vele riprendano tono.

Quando volo mi piace osservare ai miei fianchi la tela delle ali del deltaplano che tesa da vento mi fa galleggiare sul mondo che amo. E quando ogni volta mi separo dalla mia ombra, che resta sotto di me dopo il decollo, sento l'alito dell'universo circondarmi e sorreggermi, provo infinita pace. Ho provato più volte che una manovra errata ti può mettere in una cattiva posizione rispetto a quell'alito, e allora la tela delle ali non vibra più, si affloscia, per un attimo non senti il vento sul viso, tutto si ferma, non sai bene cosa sta succedendo, e mentre pensi a questo già inizi a precipitare, e lo stomaco ti arriva in bocca e a stento elabori le azioni per interrompere la caduta: una piccola pressione sulla barra, un po' di potenza al motore, ed esci da quella caduta, che si chiama stallo. E riprendi a volare.

Suor Anna Maria: da questo stallo io non so uscire. Ho provato tante manovre, che per un attimo mi hanno fatto riprendere quota, ma volo sempre più in basso. Che Dio abbia pietà di me, e non mi faccia diventare addirittura un peso per Tommasino, che troppo si aspetta da me. Mia moglie in grembo ha un'altra vita, e lì anche parte di me palpita. Voglio tornare a volare al più presto, ma non ci riesco. Nelle preghiere ho già detto a Dio quanto Tu sia brava. Se ne ricorderà!

Con grande affetto e stima
Carlo

* * *

Castelplanio, 12 gennaio 1995

Carlo, fratello carissimo!

ho letto con attenzione e «amore» la tua lettera, non troppo lunga per una vita ricca come la tua e per la forza dirompente di felicità che il fiume della tua esistenza ha canalizzato in questi anni per fecondare il mondo. Continuo ad ascoltare anche il tuo silenzio che è altrettanto eloquente ed efficace! Io sono sempre aperta e pronta ad accoglierti come sorella che ti stima e ti vuol bene, anzi ti porto continuamente nel mio dialogo con il Signore, che senz'altro esaudisce i desideri di bene e di felicità delle sue creature. [...]

Questo tuo momento particolare è carico di possibilità e di futuro. Mentre con lucidità ripercorri il passato stai scoprendo sempre più che la tua vita è un campo seminato abbondantemente di ogni specie di germi vitali: forze intellettive, volitive, affettive, insieme a forti chiamate a entrare nel Mistero di Dio, dove hai trovato l'amore coniugale, e la passione di dare la vita per ideali alti. Non temere di ritrovare anche qualche «notte» che ti ha fatto soffrire. Ora ti trovi ad essere come quel contadino che guarda il suo campo, esamina i vari tipi di germogli e interroga se stesso per scoprire in quali momenti e con quali intenzioni ha gettato quei semi. Scopre con meraviglia che molte volte ha compiuto il gesto di seminare senza pensarci, e nonostante tutto la terra ha accolto e fruttificato. Questa è la sfida che ci lancia la vita: ripercorrere con semplicità i nostri anni e amare tutto ciò che abbiamo fatto con un cuore nuovo, con una vita non più sconosciuta, ma purificata al fuoco delle cadute, dei fallimenti, delle sorprese, e dei grandi ideali maturati nell'intimo e av-

volti dalla povertà delle nostre persone. Siamo grandi agli occhi di Dio; siamo anche tanto piccoli, Carlo, da aver bisogno di tutto. Questa tua vita, la tua amicizia sincera mi fa capire oggi più che mai quanto «vale» la nostra esistenza e quale prezzo può essere pagato per dare senso alle scelte fondamentali. Grazie.

Tante volte mi son trovata e mi trovo anch'io a gridare aiuto e so quanto è preziosa la presenza di persone che sostengono e amano senza mai chiederci un prezzo. Sono esse la presenza viva dell'Amore di Dio che ha donato e dona tutto di Sé per farci vivere e renderci veramente liberi. Anche l'amore matrimoniale ha questa logica del gratuito e della totalità. Tu, come il pellicano, in questo momento trai dalle tue ferite il sangue che nutre chi ti vive accanto: Giuliana, Tommaso, e il piccolo che è ancora nell'ombra dell'utero di tua moglie, e tante persone che sei chiamato a incontrare e curare.

E la dolcezza di quel nome «Carluccio» ti verrà incontro come una carezza che la stessa vita ti dà. Dio stesso ti sta dicendo con delicatezza: «Carluccio, coraggio» e tutte le persone care te lo ripetono. Lasciati accarezzare e ritroverai il sapore dell'amicizia al di là di ogni grande progetto e dentro i tuoi ideali.

Sentimi sorella e amica sempre. Ti abbraccio con affetto e... ti benedico, come Dio ti sta benedicendo.

Ti aspetto.

Tua Anna Maria, asc [Adoratrice del Sangue di Cristo, *nda*]

* * *

Phnom Penh, 11 febbraio 1997

Carissimi Don Mariano e Suor Anna Maria,

come va? Scusate se mi indirizzo a voi nella stessa lettera, e vi assicuro non lo faccio per risparmiare sui francobolli! In realtà le giornate scivolano via strapiene, e la sera ho poca voglia di risedermi al computer. È così che alcune lettere rimangono nel cassetto qualche settimana prima di una risposta. Allora ho pensato di parlarvi insieme, per non far passare altro tempo, e perché tutto sommato siamo abituati a parlare insieme, ed in entrambi ho sempre trovato allo stesso tempo la calda attenzione dell'amico [don Mariano, *nda*] e la dolce acutezza dell'assistente spirituale [Carlo Urbani aveva da tempo eletto suor Anna Maria al ruolo di guida spirituale e in questa lettera lo esplicita chiaramente, *nda*]. Questi primi mesi sono letteralmente volati via, tanto che a volte ho paura di non riuscire a prendere da questa esperienza tutto quello che mi viene offerto. Mi riempie di gioia pensare che quello che non riesce a restare impresso nel mio cuore, preso come sono dal lavoro, resterà nel cuore di Tommaso, che sta vivendo con un entusiasmo ed una attenzione che non immaginavo questo lungo strano viaggio.

Anche Giuliana sembra reagire bene, e sta dimostrando un coraggio inaspettato nel restare qualche giorno sola con i bambini, quando devo andare in qualche villaggio lontano. Ma cerco di ridurre questi tempi, sapendo quanto loro hanno bisogno di me, e soprattutto perché trovo molto bello tutto questo tempo che possiamo passare insieme. Per noi è un'esperienza nuova passare insieme tutte le notti e tutte le domeniche.

Cosa sto facendo della mia fede? Beh, qualche volta, magari incollati ad un ventilatore per il caldo torrido che c'è anche di notte, diciamo insieme qualche preghiera, ed ogni 15 giorni partecipiamo alla messa per la comunità francofona nella missione francese. La messa è molto piacevole, semplice, sentita, ed è bello scoprire come quella famiglia di figli di Dio alla quale diciamo di appartenere, ma che in realtà immaginiamo sempre come un concetto astratto, in realtà esiste in carne ed ossa, ed è pronta ad accoglierti tra le sue braccia anche in posti lontani come questo.

Ma poi soprattutto nella Fede cerco in questo tempo la luce per rispondere ad angoscianti interrogativi che mi tengono sveglio. Il primo è la fatidica questione sulla vera natura dell'uomo. Quanto vedo qui, quanto sento nei racconti dei miei colleghi provenienti dalle mille ferite di questa terra, campi di battaglia, campi profughi, la profonda povertà delle bidonvilles, le assurde lotte fratricide, e le carceri grondanti sangue di tutti i regimi dittatoriali del mondo... tutto questo scoraggia un po', e a volte vedere qualche cosa di buono nell'altro, in chi ti è «prossimo», diventa veramente difficile ed invita a chiudersi in se stessi. Ma i piccoli lumi che brillano nei cuori di quanti si prodigano in questo magma di dolore lasciano sperare, ed il ricordo di chi ha deciso di scendere in questo scenario di continui soprusi e guerre, per morire poi su una croce, mi fa credere che una luce di pace sarà pure nascosta dietro qualche orizzonte.

Vi so vicini, ed a volte vorrei che vedeste con i miei occhi, per fissarvi su quegli sguardi di chi ha perso tutto, la famiglia nella guerra, il raccolto nell'alluvione, il figlio per la diarrea, i risparmi per un ladro, o per scaldarvi il cuore alla vista di una donna che partorisce sola, in una palafitta in un remoto villaggio, lontano da tutto e da tutti, con il marito inginocchiato al fianco, un legno che arde in un braciere per scaldarla... non credo che in altre scene avreste potuto vedere meglio rappresentato il mistero della Natività, di questa che ho visto a Sdau, piccolo villaggio su nel nord, due settimane fa.

Spero risentirvi presto. Ricordiamoci nella preghiera.

Con affetto.

Carlo

* * *

24 dicembre 1997

Carissima Suor Anna Maria,

ti assicuro che il mio silenzio non era dovuto a profonde crisi o ad una «non voglia di comunicare con te». È solo che il tempo mi sta fuggendo via vergognosamente, e nelle priorità che mi sono stabilito l'angolo privato è quello che ha meno tempo disponibile di tutti! Non chiedermi se è giusto che sia così, perché non lo so neanch'io! Poche sere fa, nella solitudine della mia casa di Macerata (ma ti prego di leggere solitudine come quiete, e senza malinconia) sfogliavo per addormentarmi un libro di preghiere di varie religioni, ed ho trovato questa, della tradizione indiana:

«Signore, fai che il mio lavoro nel mondo e per il mondo diminuisca giorno dopo giorno. Io vedo che il mio lavoro, moltiplicandosi, minaccia di impedirmi sempre la Tua beltà! A volte io immagino di compiere i miei doveri quotidiani senza essere attaccato alle cose del mondo, ma non so in quale misura io mi illuda e veramente lavori senza attaccamento. Io faccio la carità ed ecco che cerco di brillare agli occhi degli uomini. Io proprio non so come fare».

Ecco, questa è la sensazione con la quale qualche volta la sera mi addormento. Mai come in questo periodo sono stato tanto preso dal lavoro. È che sono come entrato in un vortice, dove l'amore per la professione e la scoperta che il lavoro che faccio incarna gli ideali che sempre hanno aleggiato sopra il mio cammino sono come sirene alle quali non riesco a sottrarmi. Non credo che sia solo per brillare agli occhi degli uomini, ma è che mi sento un grande privilegiato al quale il Padre buono ha offerto una vita ricca, dove alcuni campi fertili non aspettano altro che vi semini responsabilmente i miei talenti. Ed a volte riscopro la Sua beltà nell'oggetto del mio lavoro, nei misteriosi fiumi che risalgo, fiumi d'acqua e fiumi di conoscenze, nei volti dei magri bambini nati come Lui in una capanna, o nei sorrisi coraggiosi di chi condivide il mio lavoro. Credimi, è bello muovere passi in questo grande villaggio, e scoprirne le ferite e le glorie. Credo che la Sua beltà ci si manifesti in mille modi, e pur se convinto che anche nel silenzio di un monastero o nelle limitazioni della clausura sia visibile, amo troppo scoprirla in nuovi orizzonti, o dietro nuovi occhi. Tento in questa ricerca di non tirare troppo la corda che tiene unita la mia famiglia, ma anzi pensare che più ricchezza e serenità giovino a tutti. Senza eccessi e forzature credo che insieme possiamo aprire nuove finestre, per vivere una vita di sapore, consapevolezza, e amore. Tutto sta a non esagerare! E trovare sempre il tempo per scrivere ad una monaca amica...

Con affetto, ti auguro un Sereno Natale.

Carlo

* * *

Martedì 17 marzo 1998

Cara suor Anna Maria,

se il tempo non mi lascia 10 minuti liberi per scriverti una breve lettera, allora vuol dire che me lo gestisco proprio male! E purtroppo non solo non mi permette di risponderti in tempi ragionevoli, ma anche di godere di tante piccole cose delle quali sono goloso, sentire un po' di musica leggendo, guardare un film alla tv, sistemare le diapositive, giocare con i figli.

E quando poi mi accorgo che sono quattro mesi che non volo, allora drammaticamente mi rendo conto che c'è qualcosa che non va! Sarà il caso che dia una svolta a questa vita irrequieta, anche se la quiete mi spaventa un po'. Comunque, se Dio vuole, presto approderò su una spiaggia più calma, dovendo scegliere nei prossimi mesi tra un lavoro (l'ospedale) e l'altro (che immagini). Giuliana e figli sembrano contenti all'idea di ripartire [Urbani parla di «ripartire» perché ha già trascorso l'intero anno precedente in Cambogia con la famiglia, *nda*]: a tutti noi manca la pace delle serate tranquille, i sabati e domeniche sempre insieme, le vacanze, e tante altre cose che qui non abbiamo ritrovato. So che mi dirai che si può vivere benissimo anche qui (anzi, forse tutti credono impossibile il contrario) ma ti assicuro che anche l'altra dimensione offre lo stesso conforto e la stessa sicurezza (intesa come stabilità). Ma soprattutto penso alle due strade: restare qui, lavorare in Ospedale e tagliare con il resto. Mirare a diventare primario a Macerata tra 4-5 anni, ed aspettare poi la pensione per altri 15. Certo anche con qualche soddisfazione. E continuare a vivere a Castelplanio, i figli a scuola a Jesi ed il pomeriggio a calcio per diventare fanatici di qualche squadra. Anche restare vicini alle nostre famiglie d'origine (ma in effetti vivendo qui siamo molto più vicini? intendo nel senso più profondo, visto che mi capitava di pensare più spesso con affetto a mia madre o ai miei fratelli quando ne vivevo lontano...). Oppure partire, sentirsi schiaffeggiati da possenti venti, aguzzare i sensi alla ricerca di amici ed emozioni, io in un lavoro mutevole che mi permette di dar corpo a certi ideali, ma certo che allo stesso tempo mi priverà di quanto adoro nella mia professione: toccare i malati, curarli, parlare con i loro familiari, correre per una suora agonizzante che morirà poco dopo d'infarto... [si riferisce a un fatto realmente accaduto poco tempo prima a Castelplanio, nel monastero di suor Anna Maria, *nda*] certo tutto questo mi mancherà. Ed i figli in una scuola internazionale che li manterrà a galla, e Giuliana stimolata a diventare madre e moglie, lontana da tante banalità. Insomma, capirai che la scelta non sarà facile, anche perché dovrà essere una scelta collegiale tra tutti noi!

Tu come stai? Mi ha detto suor Piera, in Mauritania, che non vede l'ora di tornare a maggio. La sua congregazione le ha imposto due anni di pausa, da passare in un convento a ritemprarsi spiritualmente. E mi ha detto che lo aspetta con ansia. Le ho detto: «Ma come farai? Senza i tuoi bambini, la tua Africa, la sua polvere, i suoi rumori... non ti troverai estremamente vuota?». Mi ha risposto che per noi laici è difficile immaginare quanto il cuore di una religiosa possa essere sempre stracolmo della Fede e dell'amore che ne deriva, anche lontana da ovunque. E ti assicuro che me lo ha detto sorridendo. Certo, se fosse proprio così vi invidio davvero!

Fatti sentire.

Carlo.

* * *

Castelplanio, 1 aprile 1998

Carissimo Carlo,

eccomi finalmente a te! La tua lettera mi ha fatto pensare e gioire per la dinamicità interiore che ti spinge a cercare con attenzione le vie più ripide, ma aperte alla novità. So bene che vivere nella ricerca, nel discernimento, è duro, ma occorre farlo con calma interiore e con profondo spogliamento da ogni pretesa che potrebbe portarci fuori dalla strada principale della vita: per te la famiglia e la costruzione di un mondo capace di sostenere, difendere e guarire la vita di tutti ad ogni costo.

Certamente come ogni decisione, così questa, deve radicarsi nel più intimo della tua esistenza, senza portarti dentro il pericolo di camminare all'indietro. Nello stesso tempo deve essere condivisa e preparata con una adesione matura da parte di tutti, soprattutto di tua moglie. Forse è bene che trovi il modo di mettere anche lei dentro una dimensione più ampia della vita: un modo di donare e di creare, di generare e di saper portare come donna eventi, persone e ambienti che non la lascino passiva.

È vero per molti, e in questo momento per te, che saremo sempre più interpellati ad andare oltre i propri confini, oltre le proprie programmazioni, oltre gli stretti limiti dei legami parentali. Io ho sempre pensato così la mia vita e non riuscirei a chiuderla in un iter standard o di sola professionalità, anche la più qualificata. Ci sono le svariate dimensioni delle relazioni, della mondialità, dell'interculturalità che ci chiedono antenne ben spiegate e capaci di captare le urgenze nuove e il grido dell'umanità che vive e soffre in ogni parte del mondo.

Pensaci bene e non temere di condividere questa tua ricerca, perché è ascoltando e a volte anche tremando dalla paura di perdere che si può cercare con più obiettività. Non dimenticare il Signore in questo tuo discernimento, perché è il Solo che può sostenere scelte radicali e per il bene comune. La tua famiglia mettila sempre tra le Sue braccia misericordiose e scoprirai ancora oggi, come nei tempi più difficili, di quanta consolazione può riempire il tuo cuore e il vostro futuro.

Non posso dirti molto, perché so per esperienza che ogni passo in avanti, ogni chiamata, ogni decisione interpellano la nostra responsabilità personale e il più delle volte la nostra stessa solitudine. I passi nuovi non possono essere capiti da tutti e ancor meno da chi vive la quotidianità senza grandi prospettive. Questo io lo vivo da tempo e guardando in avanti mi sento fortemente sfidata da un tale scontro-incontro con livelli di pensiero e di desideri sempre più appiattito. In tutti gli ambienti. […]

Tua sempre
Sr Anna Maria, asc

* * *

Hanoi, 10 ottobre 1998

Carissima sorella,

spero che questa volta il messaggio riesca a trovarti nelle tue peregrinazioni di convento in convento! Sono contento di sapere che stai per partire per l'India, e so quanto questo viaggio ti arricchirà, e arricchirà gli altri che laggiù beneficeranno della tua presenza.

Qui la vita scorre, la mia abbastanza comodamente, quella della gente che popola questo paese un po' meno, a causa della povertà e delle malattie che ne derivano. Ammiro comunque l'orgoglio e la forza di volontà di questo popolo, ed invidio un po' il loro senso di appartenenza ad una nazione, cosa che per noi in Italia è completamente sconosciuta. Per il mio lavoro sono occupato con meeting a livello centrale qui ad Hanoi, dove devo discutere con le autorità sanitarie dei massimi livelli la situazione del Viet Nam riguardo i parassiti intestinali, che qui rappresentano una priorità, soprattutto nei bambini. Ma poi mi sposto spesso in periferia, nelle province e nei villaggi più remoti, per verificare se la situazione sul terreno è come mi viene presentata ad Hanoi. Ed il frutto di questo mio lavoro sarà un rapporto che l'Organizzazione Mondiale della Sanità presenterà dopo la mia visita al Ministro della Sanità, con le raccomandazioni su cosa dovrà essere urgentemente fatto.

Ovviamente il tempo che trascorro sul terreno è il più piacevole, ed il più interessante. Ammiro la dignità che accompagna la povertà, e la profonda gratitudine che manifestano verso chi si interessa ai loro problemi. E sì che il solo interesse non li risolve! Ho l'impressione di una società piuttosto serena, con un senso della famiglia molto forte. È bello vedere in Hanoi le frotte di famigliole la domenica passeggiare sulle sponde dei vari laghetti che ci sono in città, o anche permettersi un pranzo «al ristorante», cioè seduti su dei panchetti a consumare una ciotola di zuppa. La settimana scorsa c'è stata la festa più importante dell'anno, chiamata festa della luna, perché ricorre nel primo plenilunio d'autunno. La giornata era dedicata ai bambini, ma anche tutti gli adulti per quel giorno sono autorizzati a sentirsi tali, ed a scambiarsi piccoli doni come si fa con i bambini. C'era molta tenerezza nell'aria, e la sera la festa è esplosa in tutte le vie, illuminate e colorate da miriadi di lanternine di carta che non venivano negate a nessun bambino, neanche agli orfani che dormono soli sui marciapiedi.

Quello che mi ha colpito viaggiando nelle campagne è la presenza di chiese. Sapevo che il cattolicesimo sta rimontando in Viet Nam, e che circa il 14% sono cristiani, ma era veramente uno strano spettacolo vedere enormi costruzioni con enormi bizantini campanili dominare villaggi di povere casupole. Sembravano, queste chiese, astronavi atterrate da chissà quale pianeta lontano. Molte di queste chiese risalgono agli anni della colonia, quando magari l'aspetto dei villaggi era ancora più povero. Ed ora i vietnamiti, convertendosi, se devono fare una chiesa, la fanno sempre nello stesso modo appariscente e costoso.

Certo è facile porsi degli interrogativi, e ne discutevo durante un viaggio tra queste terre con il mio interprete, che mi chiedeva se credessi in Dio. Gli ho risposto di sì, e allora lui ha replicato «allora credi nel Papa e nei Vescovi?». Ho detto «non esattamente, credo in Dio, ed apprezzo quello che il Papa e i Vescovi a volte dicono per aiutarci ad essere dei bravi cristiani, ma ad esempio non sarei d'accordo con il vescovo che decida di costruire una chiesa in un villaggio dove i bambini si ammalano e muoiono di malattie parassitarie perché non ci sono latrine». È scoppiato a ridere, e mi ha detto «quindi dici che secondo te il vostro Dio preferisce che ci siano latrine per i poveri piuttosto che chiese per onorarlo?». Gli ho risposto che la mia opinione non rappresenta forse quella della Chiesa, ma la risposta è decisamente sì. Ed abbiamo continuato su questo tono, dicendo lui (ridendo) che se così fosse allora la mia religione è vicina al popolo forse come il comunismo!

So cosa stai per replicarmi, che la fede è molto più che promuovere il sociale, e che tante altre cose sono importanti nella fede oltre a curare i malati e costruire ripari per i poveri. Ma cosa è prioritario? Cosa un Padre Buono farebbe per i suoi figli se non curarli e coccolarli sotto un confortevole tetto? Sono certo che nel determinare conversioni qui gioca molto questo aspetto di potenza che le grosse chiese suscitano, quasi di qualcosa che va temuto, e che potrebbe proteggerli materialmente dalle difficoltà della vita. Non credi sia scorretto presentarsi così?

Quando cammino in un villaggio non posso non pensare ai differenti approcci alla popolazione: quello di Madre Teresa e quello di una solenne visita pastorale, dove non rimane nulla se togliamo scenografia, costumi, riti pagani, e grandi discorsi. Capisco cosa possa far pensare al mio interprete, e non solo a lui, che la religione è uno specchietto per allodole, che può distogliere l'attenzione della gente da un impegno vero per costruire un vita migliore e più degna per un uomo. Fammi sapere cosa ne pensi, se hai tempo di scrivere.

E tu, come va? Ricordati che sono sempre il tuo medico (almeno spero)! Ed è vero che come io non esiterei a dirti che mi fa male un ginocchio anche se tu ti occupi dello spirito, apprezzerei sapere che se avrai un problema dell'anima magari me lo accennerai!

Fatti sentire, e sii forte.

Con affetto, Carlo

* * *

Martedì 16 marzo 1999

Carissima sorella,

grazie per il messaggio. Anche nella fretta una breve comunicazione così può farci istantaneamente fermare, per riflettere un momento su quanto di profondo si muove in noi. Me lo chiedo spesso se tanto correre non sia fuggire, e se contemplare immobili non sia molto più faticoso! Certo che per me l'alternativa non sarebbe proprio quella della contemplazione silenziosa! ma giusto un po' più di tempo da passare in casa, per leggere, giocare, chiacchierare, odorare, volare. Ma è certo che non ci sto riuscendo a rallentare il ritmo, anzi, sto scoprendo un piacevole equilibrio, dove spero solo destinare i giusti tempi e le giuste attenzioni a Giuliana e ai bambini, che tutto sommato traggono anche divertimento dalla mia vita.

E poi il tempo per fermarci e pensare temo ci stia correndo drammaticamente incontro e ne avremo a iosa negli ultimi anni della nostra vita! Pensaci anche tu! Tanto vale allora correre, per toccare e sentire le piaghe del creato, o per godere delle sue meraviglie. Ed avere amici un po' ovunque, o da lontano guardare crescere la piantina dal germoglio piantato con le nostre mani. E poi forse sì, anche un po' fuggire... ma chi può rimproverarcelo?

Spero vederti presto per raccontarcene un pò. Magari un weekend a Firenze?

Spero a presto con affetto,

Carlo

* * *

Hanoi, domenica 5 maggio 2002

Carissima Suor Anna Maria,

sorpresa? Pensavi davvero ti avessi dimenticato, o che parlare con te non trovasse più posto nella mia, pur frenetica, vita? No, non è così!

Certo, è vero che sono diventato pigro nello scrivere, ed estremamente avaro nell'aver cura della mia vita privata. Ma accade spesso, soprattutto nel solitario viaggiare, che mi capiti di riflettere sulle mie cose, e spesso, facendolo, immagino di avere te come ascoltatrice.

Avrei voglia di rivederti, anche per sapere di te, e della tua vita divenuta preghiera. Non che non lo fosse prima, ma ora ti immaginò più tesa verso l'Altissimo che prossima agli uomini. E questa dimensione la conosco meno, a volte ho anche difficoltà ad immaginarla, e mi piacerà sentire da te cosa sia.

La mia dimensione «verticale» invece credo sia sempre meno evidente. O meglio, si vede di meno ma credo di sentirla con lo stesso calore. A volte sussurrare una Avemaria in silenziosi tramonti mi causa leggeri brividi di emozione, e non smetto di raccomandarmi al Signore ogni volta che vedo una prova sul mio cammino. Non so se questo basti, anzi immagino che ci si aspetti di più da un «bravo cristiano»... per cui sto quasi pensando di rimuovere il «bravo» dal cristiano che sono! Ma non ho dubbi che il Padre Buono saprà sempre alzare una mano per appoggiarmi carezze sul capo... almeno spero!

Nella vita sono sempre più esigente. La superficialità mi è divenuta intollerabile, l'indifferenza mi fa diventare quasi violento. Si dice in genere che non esiste mai una situazione con il bianco ed il nero ben distinti, ma che si può trovare della ragione e del torto ovunque. Io invece, per una dolorosa passione e romanticismo, continuo a credere che si possa dire «questo è sbagliato», o «questo fa schifo» senza titubare. Occorre saper distinguere dove il Bene sta, e dove il Male si annida. Le altre letture più equilibrate e moderate mi sembrano sempre più gravi ipocrisie. A tutto si tenta di trovare giustificazioni. Sia nei fatti gravi che nel quotidiano. Io invece sto con quelli che dicono che l'Afghanistan non si bombarda, che il morto americano vale esattamente quanto l'ignoto pastorello afghano o irakeno, e lo stesso vale per Israele e gli abusi commessi in Palestina. Così continuo a dire che il mercato è malato e va cambiato, e così via... Nella molto più semplice vita privata purtroppo ho lo stesso rigido schema mentale. Questo mi rende difficile avere amicizie con persone di cui non condivido la visione, almeno nelle cose più importanti.

Ma credimi, serpeggia un sentimento così fastidioso di razzismo, paura/rifiuto del diverso, superiorità sociale, tra gli stranieri della parte «importante» della comunità internazionale di Hanoi (e qui come altre capitali) che a volte mi prende la nausea a sentire certi discorsi durante feste e ricevimenti. Sono tutti pronti a chiamarsi tra i «buoni» ed a condannare razzismo e violenza, ma poi dovresti vedere come trattano le babysitters dei loro figli, o come pagano i loro dipendenti!

Per me vivere all'estero deve essere una testimonianza di barriere abbattute. Se sto in Vietnam, pur se continuo a sognare i miei dolci colli e saporiti salumi delle Marche, mi piace mangiare vietnamita, essere loro ospite quando capita, scoprire i loro costumi e cultura, ed a questo abituare i miei figli. Con loro devo dire che sono proprio contento. Tommaso ha molti amici di qui, e mi racconta stupito di come i suoi amici europei abbiano difficoltà a fare amicizia con i loro coetanei vietnamiti. Ieri sera non è tornato a casa, perché dopo essere uscito si è fermato a dormire a casa di una famiglia vietnamita, e con orgoglio mi ha detto che crede di essere il solo nella sua classe che l'ha fatto! A scuola, pur se credo non guadagnerà mai il Nobel della Fisica o della Letteratura, ha un rendimento soddisfacente. Continua a raccontarci tutto, comprese le birre di troppo e la prima, e l'ultima ci ha giurato, sigaretta! Luca è sempre divertente, e con i suoi commenti incantati a volte mi fa proprio ridere. Parla francese fluentemente, ed i suoi insegnanti sono contenti di lui. Tutti i sabato mattina va a casa di un suo amico francese, la cui mamma raggruppa per un paio d'ore a settimana un gruppetto per fare catechismo. Torna a casa sempre molto soddisfatto. Rimane sempre il più fragile dei tre, ed a volte basta niente per farlo esplodere in pianti disperati! Maddalena è la nostra sorpresa. Da un anno la mandiamo in un asilo vietnamita (con stupore di molti nostri amici, che pagano fior di quattrini per mandare i loro figli nell'asilo degli stranieri). La conseguenza però è che non ne vuole sapere di parlare italiano! Pensa che a volte io e Giuliana abbiamo bisogno dell'interprete per sapere cosa ci vuole dire! Ma è proprio buffa e carina, ed ovviamente gode di affetti privilegiati da parte di tutti noi.

Giuliana sta bene.

Io come sto? Mah, in generale sento che ho raggiunto la mia leggenda personale (hai letto il libro *L'Alchimista*?) [il riferimento è al romanzo di Paulo Coelho, *nda*]. Nella vita credo di aver saputo distinguere gli indizi che mi hanno guidato fino a qua, e per arrivarci ho anche accettato di affrontare burrasche e scogli, ma ora non chiederei di meglio dalla vita. Ringrazio Dio per tanta generosità nei miei confronti, e mi sforzo di sdebitarmi lasciando che i miei «talenti» producano germogli e piante. Vorrei comunque fare di meglio, non tanto nel lavoro, dove do tanto, ma con gli affetti più prossimi. So quanto Giuliana, Tommaso, Luca e Maddalena abbiano un dannato bisogno di me. D'altra parte ognuno di loro è per me parte essenziale della vita, ed a volte, soprattutto al rientro dai numerosi viaggi, avrei voglia di guardarli e toccarli per ore, per sentirli miei e far sentir loro il mio affetto.

Viaggio molto, in Cina, Thailandia, Laos, Cambogia, Filippine, altrove... a volte mi capita di fare un salto in Europa, per riunioni a Ginevra o a Bruxelles. Mi capita anche di fare viaggi «sul terreno», come diciamo in gergo. Lì trovo l'essenza del mio lavoro, sento l'odore della povertà e della privazione che alimenta come benzina il fuoco che anima la mia passione. La settimana scorsa ho portato Giuliana, Luca e Maddalena per quattro giorni in una zona montagnosa, tra minoranze etniche. Godevo al vedere i miei figli dentro capanne affumicate, a curiosare tra il nulla che costituisce la vita dei poveri.

Vorrei continuare a parlare con te... ma ti sto rubando troppo tempo. Avremo modo di sentirci in luglio. A proposito, devo venire a stanarti nel tuo eremo o scenderai tra noi mentre siamo in Italia?

Ti abbraccio, risentendo il sapore della fratellanza in Cristo.

Con grande affetto

Carlo

* * *

Sabato 1 giugno 2002

Cara Anna Maria,

sono appena rientrato dalla Cambogia. Ho passato una settimana in remoti villaggi, raggiungibili dopo lunghe navigazioni con agili e veloci piroghe lungo il Mekong. Un pomeriggio, stanchi per il lavoro ed il calore, una collega cambogiana, cara amica che conosco da anni, mi chiede se voglio andare con lei in cima ad una collina lì vicino, dove c'è una importante e storica pagoda. Lì, mi dice Sinoun, vivono anziani monaci, prossimi a Dio (che lei chiama Budda) ed illuminati dalla sua Grazia. Irradiano luce, ed alcuni salgono fin lassù per vederli, farsi benedire, e farsi indicare la Strada. Questa presentazione del luogo mi accattiva, e decido di accompagnarla. Saliamo ansimanti le decine di gradini in mezzo alla soffocante vegetazione. [...]

Nel luogo solo il suono del vento tra le foglie e qualche grido di uccello che saliva dalle risaie e pianure sottostanti. Arriviamo ad una pagoda un po' elevata rispetto alle altre, piccola, con l'entrata ornata di vivaci colonne arancio su cui si arrampicavano disegni di serpenti e fiori. [...] All'interno delle stuoie ricoprivano il pavimento del piccolo locale. Su un altare alcune statue dei Budda in diverse posizioni apparivano dietro una cortina di discreto fumo che saliva da incensi recentemente accesi ed infilati nei bracieri antistanti. La luce entrava tagliata dalle fessure sul soffitto, infilandosi tra i sorrisi serafici delle statue ed i fili di fumo. Sinoun si accovaccia in quella posizione improponibile per me, ed inizia a flettersi in avanti con le mani giunte sopra il capo, mormorando, presumo, preghiere.

Nel delicato rumore della veste stropicciata, entra e si inginocchia davanti a noi un Venerabile Bonzo (così me lo introduce Sinoun). Mi colpisce la assoluta naturalezza dell'incontro. Sorridono entrambi, e Sinoun gli chiede con tutta disinvoltura quanti anni avesse. «95», risponde il Venerabile, «...ma a volte rifacendo i conti credo siano 94... non ne sono certo», aggiunge ridendo. Sedeva con il busto eretto e le gambe disposte nella posizione del Loto. Sorrideva. Era rasato, e dalla veste che cadeva dalle spalle si intravedeva un grande tatuaggio che decorava lo scheletrico busto. Era un grande fiore di Loto con un serpente nel suo interno. La sua voce aveva un bel suono. Sapeva di antico, e di parole buone. All'improvviso la loro familiare conversazione si interrompe, ed il Bonzo inizia e recitare preghiere, cui si unisce all'unisono il suo giovane allievo. Era un ritmare profondo di parole, quasi una solenne vibrazione. Sinoun muoveva le labbra, e si piegava al ritmo delle loro pause. Finisce, e riprendono la sorridente conversazione. Poi Sinoun mi chiede se volevo chiedergli qualcosa, e lei avrebbe tradotto. Chiedo: «Qual è la cosa più importante nella vita?».

«Nulla è importante nella vita!», mi risponde illuminandosi in un sorriso. «Ma io conosco cose che sono importanti», aggiungo io quasi indignato. E lui «se ne conosci, dimmene almeno una, solo una, che potrai portare con te dopo la morte». E, di fronte al mio silenzio, aggiunge «vedi? Come puoi credere che il Padre Buono, se vi fossero state cose importanti, non ti avrebbe lasciato portarne alcune con te... legarne alcune indissolubilmente alla tua anima! Vedi, nulla è quindi importante nella vita. Ma se mi chiedi invece "cosa è importante?", allora ti risponderei: Budda è importante. La Verità e la Luce, che sono Budda, sono importanti». Parlava adagio, la sua voce profonda e tremolante intercalata al sommesso tradurre di Sinoun, che sembrava fiera della mia domanda, ma compiaciuta della sua risposta! «E cosa è la felicità?», chiedo. Risponde di getto «la felicità è questa. Ero seduto a quella finestra. Ascoltavo il vento. Percepivo la luce. Annullavo le mie colpe. Cercavo di essere lontano dal mio corpo, dagli errori, dalla materia. Nello sforzo di avvicinarsi alla purezza, sta la felicità. Non odio, e questo mi rende felice. Vedi? La felicità è vicina! Tu puoi decidere se averla. Se non uccidi, se non rubi, se non desideri la proprietà di altri, se non porti rancore, provi una profonda felicità. Se vivi felice, la tua vita si purifica, e continuerà in altre vite, sempre migliori, sempre più vicine alla Luce. Se ti allontani e cedi agli errori, la tua essenza si reincarnerà in brutte vite. E tu sarai all'inferno, dove ti saranno somministrate atroci pene, torture perfino, e soffrirai la fame e la sete. Occorre aver paura dell'inferno!».

Ma io: «Ma come puoi parlarmi di inferno, ed allo stesso tempo di reincarnarsi in altre vite? Come si può andare in due direzioni diverse?». «No! L'inferno non è diverso dalla reincarnazione! Sono la stessa cosa! Ti ho parlato di dolori, fame, miserie... non dirmi che non conosci nessuno che patisca incredibili prove in questa terra! Ecco l'inferno!! Avvicinati alla verità, e la tua vita continuerà invece su strade sempre più belle». Dico che per me è difficile credere che chi soffra qui è perché sia stato cattivo prima! Ma lui aggiunge che invece è così, ma che con la purificazione nella sofferenza, la silenziosa accettazione, la fede nel sacrificio, si può uscirne, per avere accesso, in seguito, a migliori vite. Sempre più vicine alla perfezione, fino a potersi sedere, per sempre, nella Luce Divina. Mi fissa, sorridendo al mio stupore incredulo. Interviene Sinoun, che racconta le sue di sofferenze, negli anni di prigionia, nella fuga dal Campo, nel dolore fisico, e nella sete sofferti. Racconta che si sentiva morire, anzi era quasi morta, ma si è salvata, l'unica viva di una squadra di venti donne prigioniere dei khmer rossi. Era successo 24 anni fa, ma ricorda ogni particolare. Si chiede perché lei sola non sia morta, tra le 20 sue compagne. Il monaco quasi esplode in un gioioso ridere! Si tendeva verso Sinoun, e credevo la volesse abbracciare. Felice racconta la sua di storia, quando allontanatosi dal tempio, 23 anni fa, per andare a far legna lì vicino, al rientro, al tramonto, trova tutti i suoi confratelli battuti ed uccisi. Sangue ovunque. Lui si dice che questo è il segno che la sua vita è pura, che la strada è giusta. E si congratula con Sinoun, perché anche lei ha avuto lo stesso straordinario segno!

Mi sentivo emozionato al loro raccontare ed al loro sorridere. Il giorno stava finendo, e la luce diventava rossa e viola. L'atmosfera era mistica, dolce, accogliente. Ci alziamo dopo un ultimo inchino, imito le gesta di Sinoun. Il Bonzo si rivolge a me e mi chiede – mi dice Sinoun – perché non restassi. «Per cosa?», chiedo. Mi risponde che avrei potuto restare a parlare con lui. Mi sentiva aperto, e voleva parlarmi della Strada. Sorrido. La discesa dalla collina era più agevole, anche la temperatura stava scendendo. Mi voltai, a guardare quello strano ed inatteso posto, dove potevo respirare di nuovo la misticità e la grazia dei nostri anziani luoghi di preghiera e di culto. Mi chiedo se Dio non fosse stato anche lì. E sulla strada del ritorno penso a te, su un'altra collina, ad illuminarti dell'Essenziale e della Verità, e mi chiedo se a volte, forse, troppo facilmente classifichiamo come «incomprensibili», se non «inutili» tali esperienze. Spero questo racconto ti abbia preso un po'...

Un abbraccio
Carlo

* * *

Eremo Sanguis Christi, Madonna del Monte,
Mulazzo (Massa), 30 marzo 2003

Carlo, amico carissimo,

sei entrato definitivamente nella vita eterna e vivi nella visione di Dio.

Ci hai lasciati così presto, perché il male ti ha stroncato. Proprio nel buio di un tempo carico di guerre e di morte, tu hai preferito attraversare le tenebre dell'odio e della incoerenza, per entrare nella verità della luce.

Tu amavi la verità, amavi la pace, amavi la gente che vedevi soffrire e hai cercato di dare tutto te stesso, e proprio fra quella gente, per la quale operavi come medico, hai lasciato la tua esistenza terrena, soffrendo terribilmente. In quell'oriente carico di mistero e di religiosità frammista a magia, tu hai incontrato l'impossibilità a lottare. Non ce l'hai fatta. Eppure, dal momento che ho appreso la notizia della malattia, ho sempre pregato per te, giorno e notte e ripetevo in cuor mio: «Carlo, forza. Cerca di farcela!». Il tuo cuore non ha resistito.

Ora che sei in cielo e vivi una nuova dimensione di vita, quella vera ed eterna, ti sento vicino e aperto più di prima a condividere la tua interiorità, i tuoi interessi, le tue corse per raggiungere sempre più situazioni e persone. Sono certa che durante il tuo giacere sul letto del dolore, in quella faticosa respirazione aiutata dall'ossigeno, mi hai chiamata. L'ho percepito nel mio cuore e voglio sperare che anche tu hai avvertito la mia risposta.

Ti conosco nell'intimo, e so quanto densa è la tua affettività e la tua amabilità, anche nel silenzio delle tue riflessioni, spesso troppo alte per chi ti circondava. So quanto avresti desiderato la compagnia in questo momento di passaggio: e la vita ti ha messo a dura prova, perché il particolare e strano virus ti ha obbligato all'isolamento. Ricordo quando mi parlavi dei malati particolari che curavi all'ospedale qui in Italia. Quanto tu cercavi di essere vicino a loro perché costretti a vivere nella solitudine la loro sofferenza e come eri attento alle loro ultime riflessioni sulla vita, alla loro tenerezza insieme alla grande fragilità che dovevano accettare. Eri un uomo che curava con l'animo e con la passione d'amore.

Conosco anche la tua fragilità, le tue lacrime, i tuoi momenti di dolore spirituale… Ti ho seguito nei tempi di prova e nei tempi di grande gioia interiore. Ti sei confessato con me, come un bambino che cerca uno spiraglio di luce, e mi hai più volte commosso per averti visto così aperto e sincero.

L'amore per il tuo lavoro e l'apertura sconfinata dei tuoi orizzonti umani e spirituali ti hanno spinto a trascinare la tua famiglia in quella terra del Vietnam, dove tua moglie e i figli hanno faticato per inserirsi, ma l'hanno fatto con amore. Ora erano tutti dentro, e forse tu attendevi il salto di qualità da parte loro ed eri sicuro della riuscita, ma sei stato stroncato e trapiantato in un'altra esistenza, tutta nuova… Tu ora sai quanto quella nuova realtà, che chiamiamo vita eterna, è bella e piena di pace. Essa ti permette di godere la reale luce divina, perché in Dio c'è tutta la verità del nostro essere.

Ricordi uno degli ultimi nostri colloqui? Tu mi chiedevi cosa stava succedendo alla mia vita e perché mi ero ritirata, mentre molti mi attendevano e avevano bisogno di me. Io ti confidavo il segreto del mio essere in Dio e per Lui soltanto. Ti aprivo il cuore e ti ripetevo che il mio cammino procedeva in senso inverso dal tuo. La mia vita è in discesa, perché nel nascondimento e nel silenzio. Tu non capivi e mi esortavi a tornare presto al pubblico. Mi rispettavi, perché avevi intuito che i passaggi della vita sono sempre misteriosi e chi guarda in superficie non può capirli. Tu godevi della tua scalata, ne avvertivi la fatica, ma non ti arrendevi. Io accettavo questo tuo mondo, che spesso ti portava un po' fuori dalla famiglia. Ascoltavo con pazienza tua moglie e la esortavo a entrare nel tuo orizzonte, senza perdere il suo. E una volta ti dissi che un giorno anche tu avresti capito cosa significa fermarsi e scendere nel cuore del Mistero della vita, dove tutto ciò che è umano scompare per far posto a ciò che è essenziale: Dio in noi… Ora ti vedo nel cuore di Dio e sei un faro di luce per noi tutti. La vita ci aspetta sempre al varco: la morte è un appuntamento che non possiamo stabilire a nostra misura e secondo la nostra agenda, ma occorre entrarvi giorno per giorno, proprio attraverso quelle morti piccole o grandi che ci fanno abbandonare una parte di noi stessi. E la malattia, se arriva, è sempre dolore, misto a un graduale pene-

trare nel senso dell'esistere, che ci conduce ad abbandonare la presa. Questa è la Pasqua tua e nostra.

Grazie Carlo, perché sei stato amico, fratello e «figlio nello spirito». Ora sei per me l'angelo che protegge la mia discesa, fino alla perfetta conformazione a Cristo Signore.

Tua consigliera spirituale e sorella in Cristo
Suor Anna Maria, asc

Lettera dall'Oriente

Quasi come un post scriptum all'epistolario con suor Anna Maria Vissani, questa lettera – inviata ad amici nel 2001 – ci restituisce la profondità dell'animo di Carlo Urbani, la sua dimensione di uomo spirituale, il suo sempre rinnovato stupore di fronte alla bellezza dell'immenso mondo.

C'è la luna piena stasera ad Hanoi. L'ho vista prima, quando sono salito in terrazza per respirare un po' della brezza che mi soffia addosso, dopo aver accarezzato la scura superficie del lago occidentale, in questa calda notte.

La luna la si vede in trasparenza, dietro un velo di foschia, forse l'umidità che sale dal lago, e l'afa. E questo velo la fa tremolare, una fragile sfera che rischiara questa notte, facendo intravedere i profili delle colline, là verso l'orizzonte, ad ovest.

Il silenzio lo si può solo immaginare in questa notte, per gli affollati rumori di infinite cicale, ed infinite rane, le prime nascoste nei rami dei flamboyantes e delle gardenie, le seconde tra le mangrovie e le altre piante acquatiche, più in basso, sulle sponde del lago. Il frastuono è assordante, ma dietro si riesce comunque a intravedere il silenzio.

Poche sere fa, dopo cena, sono andato in moto fuori città. Tornavo da una cena di lavoro, e invece di andare dritto a casa ho approfittato per una piccola «fuga», per perdermi nella notte e nelle vie sconosciute. Ero eccitato per un positivo risultato ottenuto sul lavoro, una importante conquista che non speravo fare. Attraverso un viottolo di campagna, teso a tagliare due terreni disegnati con regolarità da decine di risaie. Qualche palma ne segnava il tragitto, come da noi i pali gialli e rossi che l'Anas mette per segnalare le strade di montagna coperte dalla neve. Arrivo ad un piccolo cimitero di grandi tombe in pietra infisse nel terreno umido della risaia. Spengo la moto per sentire che rumore fa la notte in un posto così. Era bellissimo, rane ed altri animali commentavano lo splendore di un cielo fitto di stelle, teso a rispecchiarsi sopra la superficie brillante delle risaie, dove le stelle luccicavano nell'acqua scura, sotto i verdi germogli. Alcune scie luminose si disegnavano pure su quello strano specchio, o di lucciole che incrociavano quei paraggi, o di stelle cadenti che si perdevano dietro l'orizzonte. Un intenso profumo, di erba e zagare, forse portato da un vicino giardino di aranci verdi.

Ero solo, davvero solo. Immaginavo la mia posizione disegnata su un grande mappamondo. Un puntino in quelle terre lontane, esotici scenari in quelle grandi pianure di Indocina. Ed io ero lì, solo, fragile, esposto, ma profondamente felice. È così che mi sento in questo periodo: profondamente felice. L'unica angoscia è che tutto scorra troppo in fretta, e che poco mi resti tra le dita, immerse nella corrente della vita che mi scivola addosso. Mi chiedo cosa restituire, in cambio di quanto ricevo. Impegno sul lavoro, qualche sorriso regalato, una carezza quando capita, ma soprattutto un profondo senso di gratitudine. Ma non sono certo che basti.

Epilogo

Che cosa significa essere eroe se non vivere con lealtà, serietà, impegno professionale a favore degli altri, e restare profondamente radicati nella propria interiorità, senza lasciarsi sballottare da improvvise e seducenti proposte «alla moda» legate insidiosamente al potere che schiaccia i deboli? L'eroicità sta nella coerenza del quotidiano. Carlo in tal senso è stato un eroe.

Suor Anna Maria Vissani

La nostra alta ammirazione per Carlo Urbani non diventi per noi un alibi. Ora ognuno si chieda come può incarnare i suoi stessi valori. Senza questa decisione tutto resta inutile, anche questo esempio di coraggiosa e semplice generosità che era Carlo.

Don Mariano Piccotti

L'eredità di Urbani

L'hanno vista tutti, in televisione. Il 7 aprile 2003 Giuliana Urbani, con a lato il figlio Tommaso, per mano Luca e in braccio la biondissima Maddalena, stava in piedi davanti al capo dello Stato italiano, Carlo Azeglio Ciampi, nel salone delle feste del Quirinale. Sorridendo, riceveva la medaglia d'oro al merito della Sanità assegnata alla memoria del marito, «eroe dell'Oms e della Repubblica Italiana».

7 aprile 2003, il mondo lo onora

Era la Giornata mondiale della Sanità e in molti Paesi di tutti i continenti si ricordava in diversi modi la figura dell'uomo che pochi giorni prima aveva stanato la Sars, morendone. «Oggi abbiamo il dovere – ha detto Ciampi – di onorare la memoria di un medico, di un cittadino coraggioso, di un padre e di un marito strappato ai suoi cari mentre indagava un morbo terribile e sconosciuto. Un eroe. Carlo Urbani ci lascia un insegnamento prezioso che scuote la coscienza di ciascuno di noi: il benessere e la salute devono diffondersi in modo uniforme tra i popoli, altrimenti essi non si fondano su basi durature. Questa è la sfida che si pone alla nostra stessa democrazia: affrontare con determinazione il divario di povertà e di condizioni di vita con il sud del mondo. Disinteressarci di questo problema è la premessa di nuovi conflitti, di nuove tragedie». Soltanto un mese prima Carlo Urbani non avrebbe potuto immaginare che capi di stato, autorità e ambasciatori avrebbero pronunciato queste parole sul suo nome.

Quella medaglia è ora nella casa di Castelplanio, tra tante altre onorificenze: targhe, premi scientifici e giornalistici, ma soprattutto inaugurazioni di nuovi laboratori medici, singoli reparti e interi ospedali, donazioni e fondi per la ricerca, tutto dedicato al nome di Carlo Urbani. «Si dice che le medaglie non consolano, che sono riconoscimenti inutili, ma non è vero – dice Giuliana –: sono il segno tangibile che il lavoro di Carlo è stato apprezzato, che mio marito ha lasciato un'eredità concreta». E il nascere improvviso di nuove realtà costruttive, in un tempo di recessione e di crisi internazionali, lo dimostra.

Il 24 giugno 2003 il paesino marchigiano doveva assistere a una scena inusuale. L'ambasciatore vietnamita in Italia e quello italiano in Vietnam salivano insieme fino a Castelplanio per consegnare ufficialmente le due massime onorificenze del regime vietnamita: le medaglie dell'Amicizia e della Salute del Popolo. Il governo di Hanoi non aveva dimenticato il sacrificio del medico italiano né il fatto che, grazie alla sua tenacia, il Vietnam era stato il primo Paese a uscire dal contagio, evitando la strage avvenuta altrove. Pochi mesi dopo, a qualche decina di chilometri da Hanoi, il dottor Enzo Falcone inaugurava quell'ospedale che porta il nome di Carlo e sarà aperto ai più poveri, con un bacino d'utenza di 170mila persone, oltre a un centro medico esclusivamente dedicato ai nullatenenti.

Intanto a Taiwan nasceva una fondazione che il Ministero della Sanità locale intitolava a Carlo Urbani: dieci milioni di dollari da destinare a università, ospedali e istituti di ricerca. Mentre in Italia «Missioni Consolata», la rivista su cui aveva scritto i suoi reportage, istituiva il "Premio giornalistico dottor Carlo Urbani» riservato ai medici. Non si vince denaro ma un mese di lavoro e fatica: «In linea con la sua vocazione e filosofia – si legge nel bando – i due vincitori, che saranno annunciati il 29 marzo 2004, primo anniversario dalla sua scomparsa, partiranno per due stage lavorativi di un mese presso un ospedale dei missionari della Consolata in Etiopia, Kenya, Tanzania o Congo».

Di più: nei giorni in cui i carabinieri italiani morivano a Nassiriya uccisi da un attentato kamikaze, Istanbul era sventrata dalle bombe, e il resto del mondo attendeva nell'insicurezza il prossimo attacco di morte, il disegno di pace di Urbani andava avanti, nonostante tutto: il 28 novembre 2003 a Roma nasceva l'Aicu, l'Associazione Italiana Carlo Urbani, una onlus (organizzazione senza fini di lucro) voluta da amici e colleghi per portare a termine i suoi progetti rimasti incompiuti.

L'obiettivo dell'Aicu è costruire un ponte medico tra i Paesi del benessere e quelli del Terzo mondo, realizzando ciò che Urbani avrebbe fatto in prima persona se fosse ancora in vita: acquisire i medicinali da destinare alle associazioni impegnate per il diritto alla salute; finanziare corsi di perfezionamento nel campo delle malattie infettive e parassitarie per i medici dei Paesi poveri; orientare per quanto possibile le scelte delle case farmaceutiche e, conseguentemente, la loro disponibilità a finalizzare la ricerca sui farmaci essenziali. A presiedere l'associazione, Giuliana Urbani, all'improvviso sbalzata dal ruolo di moglie a quello di chi raccoglie il testimone e continua un percorso.

L'ultimo ricordo televisivo, in mondovisione, che abbiamo di lei è di una donna giovane, vestita di scuro, che in una notte romana, sotto gli occhi di milioni di persone che la guardano e pregano, porta una croce. Era il 18 aprile 2003. Giuliana Urbani affiancava Giovanni Paolo II sul cammino della Via Crucis. Come ormai avviene spesso, da Castelplanio l'aveva accompagnata suo figlio Tommaso. A lui, lungo il percorso del Calvario, ha passato la croce da portare.

Tommaso, ritorno al futuro

Era il 19 marzo 2003, festa del papà, quando Tommaso, raccolte poche cose, prese improvvisamente un aereo per l'Italia e portò via da Hanoi Luca e Maddalena. Una fuga decisa dal padre, ormai conscio non solo di essere infettato, ma del pericolo che il nuovo virus rappresentava.

Per tutti e tre, ormai più cittadini del mondo che d'Italia (tantomeno di Castelplanio), fu il trauma di veder recise le proprie radici, lo strazio di un vero e proprio esodo, la perdita, temporanea, di tutto. Di un padre fuori dall'ordinario e della vita altrettanto straordinaria che aveva scelto per loro.

Aveva 16 anni Tommaso. Ne ha ancora 16 quando riprende quell'aereo in senso inverso, dall'Italia al Vietnam, di nuovo solo, anzi, di nuovo accompagnato da una bambina: è il viaggio del risarcimento, il recupero delle radici, l'incontro con le persone, i paesaggi, la casa, tutto ciò che non aveva potuto salutare per la brusca partenza. Con lui c'è Martina, 13 anni: è sua cugina, figlia di Cristiana, la sorella di Carlo. «Mio padre aveva deciso di regalarle un viaggio ad Hanoi, doveva venire da noi per Pasqua, ma poi non è stato più possibile, allora l'ho portata io, per farle scoprire il Vietnam».

È la metà di settembre quando ci incontriamo, al loro rientro da Hanoi: Carlo Urbani è morto da sei mesi. «Ero partito troppo velocemente – mi spiega Tommaso –, da molto tempo avevo deciso di tornare in Vietnam, volevo già andarci a giugno alla fine della scuola, ma mia madre mi ha chiesto di aspettare, c'era ancora la malattia». Non nomina mai la Sars.

Era un viaggio che poteva aprire molte ferite, o che invece poteva medicarle: «Ed è stato così – dice –. Mi ha fatto bene, ho rivisto i miei amici, i colleghi di papà». Né adulto né bambino, Tommaso a tratti sembra non avere età: la ritrosia e il pudore dell'adolescenza gli bloccano i pensieri in gola, lo rendono restio alle confidenze, ma la maturità è quella di chi a 16 anni ha già visto molto.

«Sì, un viaggio positivo, anche se mi ha lasciato tanta nostalgia». Si capisce che la sua vita era il Vietnam: era l'educazione cosmopolita che riceveva a scuola, erano gli incontri con gente di tutto il mondo che doveva al padre, era il contatto con una natura lussureggiante, la convivenza con un popolo proiettato verso il futuro ma ancorato a valori semplici e antichi. «Ormai la mia terra era quella, vivevo meglio laggiù che qui – confessa –. Un po' forse è perché in Vietnam c'eravamo ancora tutti... Ma ora in Italia abito in un paese molto piccolo, un cambiamento troppo radicale rispetto a una grande città come Hanoi: lì non avevi tempo di annoiarti, la gente era aperta, socievole, vivevamo in un quartiere molto verde abitato principalmente da famiglie straniere, a soli nove chilometri dal centro della metropoli. Ogni giorno si scopriva qualcosa...». Il ragazzo non lo sa, ma sta citando suo padre: *«Tommaso in particolare sta reagendo benissimo, e godo del suo stupore ad ogni cosa nuova che conosce. Qualche volta ho persino paura che siano troppe, tanta e instancabile è la sua curiosità».*

«Sarò medico come lui»

Tommaso ad Hanoi ha rivisto casa sua. Non dev'essere stato facile suonare il campanello, spiegare ad altra gente che lì tempo prima abitava la sua famiglia, che quella era stata la sua casa. Che ne sanno loro delle piccole immense storie avvenute in quelle stanze? «Ho chiesto di entrare, sono stati gentili, ora ci vive una famiglia di olandesi... Mi sembrava normale rifare le stesse strade di ogni giorno, ma anche tutto così strano».

Ritrovare le cose di un tempo eppure sapere che niente è più lo stesso... Forse per rompere questo sortilegio e ritrovare il senso della quotidianità perduta, Tommaso è tornato a scuola, nella sua classe, con gli orari dei suoi compagni, seduto al suo banco: «Erano felici di rivedermi. Sono stati la mia emozione più forte: i miei amici francesi, vietnamiti, inglesi, belgi... Anche la scuola mi manca tanto: ad Hanoi tutte le lezioni erano in francese, poi si studiava anche inglese e tedesco, ed era molto più dura prendere voti alti. In Italia è tutto troppo facile, sto frequentando il terzo anno del linguistico ma mi rendo conto che qui non si impara a parlare le lingue. Solo in latino sono indietro: ho dovuto fare tre anni in uno».

La casa, la scuola. E l'ufficio del padre: «Avevo avvisato che sarei arrivato, i suoi colleghi mi aspettavano, tutti mi invitavano a casa loro, a pranzo, a cena...».

Ora Tommaso vuol diventare medico, un'idea che – precisa – non ha nulla a che fare con ciò che è successo: «Ne parlavo già da tempo con papà, gli dicevo che mi piace viaggiare e vorrei specializzarmi in medicina tropicale. Lui mi avvertiva che è una strada difficile da percorrere ma era d'accordo».

Inutile chiedergli il ricordo più bello che ha di lui: «Tutto». Prova a pensarci ma scuote la testa e allarga le braccia: «Tutto». Un episodio? «Impossibile». Poi spiega: «Mi ha fatto scoprire il mondo, è raro per uno della mia età...». Padre e figlio che apprezzano l'uno nell'altro la stessa qualità: il segno di una simbiosi che la morte non ha spezzato. «La cosa che mi ha insegnato di più – confessa a fatica – è a riconoscere quello che ho, ad essere contento senza volere troppo e in genere ci riesco. Parlo spesso con lui, tengo conto di ciò che voleva da me e che ancora mi direbbe. Al cimitero? Ci vado qualche volta. Spesso... Tutti i giorni».

Si sta aprendo, Tommaso, adesso è lui che non vuol smettere di raccontare: «Ho un rimpianto: negli ultimi tempi papà aveva portato alcuni amici in escursione fuori Hanoi per qualche giorno, ci teneva che partecipassi anch'io ma gli ho detto di no. La prossima volta, gli ho promesso. Solo che non c'è stata».

Ora riaffiora il ricordo più bello: «L'anno scorso, quando ci ha portati tutti e cinque in jeep in Thailandia, un viaggio magnifico». E il più duro: «Il colpo di stato in Cambogia. Avevo nove anni, ricordo solo che con altre famiglie stavamo chiusi tutti in una casa, fuori si sparava, e poi c'erano armi, mine, uomini mutilati... Infine ci evacuarono a Bangkok...».

«È stata tutta la mia vita»

Ora la sera, nella grande casa di Castelplanio che man mano si riempie di ciò che torna dal Vietnam, Tommaso e Giuliana parlano spesso di quelle avventure, le ricordano, riguardano le foto, rileggono le lettere, «anche lei con tanta nostalgia, ma non penso quanto me: gli anni passati in Oriente per mia madre sono solo una piccola parte, per me quasi tutta la vita».

Però si va avanti, con la coscienza della fortuna ricevuta più che il dolore di ciò che si è perso. E Tommaso rappresenta con orgoglio quel padre perduto troppo presto: oltre che dal presidente della Repubblica e dal papa, è andato a Ginevra ad accogliere l'applauso dell'Oms e di millecinquecento medici del mondo, tutti in piedi per Carlo Urbani. In estate è stato in Tanzania, da solo, con un medico che lavora ad un progetto umanitario. «La settimana prossima vado all'Onu, a New York», conclude: il segretario generale Kofi Annan gli consegnerà un'onorificenza alla memoria del padre. «Avevano invitato mamma, ma lei ha preferito che andassi io».

Il ghiaccio è definitivamente rotto ma anche l'incontro è terminato. Ora però è Tommaso che vuole aggiungere qualcosa, riassumere ciò che suo padre ha significato per lui, esprimere in un fiato quell'ammirazione di cui prima aveva ritegno: "Riusciva sempre a fare tutto e bene. Mi ha insegnato moltissimo, ho vissuto tanti anni belli con lui, e così la mia famiglia...". Sembra che abbia detto tutto ma ci ripensa. "Un'ultima cosa. Vorrei tanto tornare indietro...".

Medici senza frontiere

Che cos'è. Un'organizzazione internazionale, privata, senza scopo di lucro. Ha 18 sezioni nazionali (Australia, Austria, Belgio, Canada, Danimarca, Francia, Germania, Giappone, Italia, Lussemburgo, Norvegia, Olanda, Hong Kong, Regno Unito, Spagna, Usa, Svezia e Svizzera) e un ufficio internazionale a Bruxelles.

I membri. La selezione è durissima, le richieste di medici, infermieri e altri volontari che vogliono farne parte superano il numero di quanti vengono accettati. Nel 2002 solo in Italia su 1.800 laureati in medicina in 125 ce l'hanno fatta: occorrono due anni di pratica, la frequenza di un corso di medicina tropicale, la conoscenza delle lingue e soprattutto la personalità giusta. Il più bravo chirurgo, infatti, può non essere in grado di operare sotto le bombe o affrontare una situazione di pericolo. Più di una volta gli uomini e le donne di Msf sono stati presi come ostaggi (mentre scriviamo queste pagine il dottor Arjan Erkel da più di un anno è nelle mani dei ribelli in Daghestan, nella Repubblica della Federazione Russa), e in molti casi la conoscenza perfetta del territorio e della dislocazione di bande o truppe significa la salvezza.

Compensi. «In qualità di volontari – recita la *Carta dei Princìpi* di Msf – i Medici senza frontiere sono al corrente dei rischi e dei pericoli presenti nelle missioni che compiono, astenendosi quindi dal reclamare compensi diversi da quelli che l'associazione sarà in grado di fornire loro». In media sui mille euro al mese.

Quanti sono. L'ultimo rapporto parla di 2.895 operatori inviati «sul terreno», di cui il 25% medici e specialisti, il 32% infermieri e paramedici e un 43% di personale non sanitario. E insieme a loro i 13.320 del «local staff», cioè del personale del luogo.

Scopi. La *Carta dei Princìpi* sancisce ciò cui «tutti devono attenersi, sul proprio onore»: prestare soccorso «alle popolazioni povere, alle vittime delle catastrofi di origine naturale o umana, alle vittime della guerra, senza discriminazione alcuna, sia essa razziale, religiosa, filosofica o politica». E «mantenere una totale indipendenza da qualsiasi potere e da ogni forza politica, religiosa o economica».

I fondi. L'81% dei fondi proviene da privati: due milioni e mezzo di donatori nel mondo. Il bilancio è in attivo e «le attività si sono realizzate grazie a un'eccedenza delle entrate rispetto alle uscite – si legge in un recente rapporto dell'organizzazione –. I fondi non spesi saranno usati in stretta osservanza del desiderio del donatore al verificarsi delle necessità. Oppure rappresentano capitali che devono essere reinvestiti o conservati per uso futuro».

I beneficiari. Il 58% dei progetti riguarda l'Africa, il 23% l'Asia, il resto è diviso tra gli altri continenti. Il Paese dove sono stati utilizzati più fondi è la Repubblica Democratica del Congo, seguito dal Sudan e dall'Afghanistan.

Indice

Presentazione (Kofi A. Annan) . . . . Pag. 7

Prefazione (Nicoletta Dentico) . . . . » 9

Premessa . . . . » 11

Cronologia della vita di Carlo Urbani . . . . » 15

Parte prima
L'UOMO

L'antefatto: Mister Chen, un incontro fatale . . . . » 21

La morte . . . . » 28
Il racconto di Giuliana . . . . » 28
L'addio ai figli . . . . » 33
L'ultima confessione . . . . » 34
2 aprile 2003: il giorno dei funerali . . . . » 37
Enzo Falcone: «La morte si affacciò via Internet» . . . . » 39

La vita . . . . » 44
Le radici di Carlo: al servizio degli altri . . . . » 44
«In quei problemi crescerò i miei figli» . . . . » 48
Il difficile mestiere di padre . . . . » 51
L'amico parroco: «Carlo sognava, Urbani realizzava» . . . . » 53
La madre: «Carlo c'è. È nato in questa casa» . . . . » 60
Suor Anna Maria: «L'eroismo della coerenza» . . . . » 70

Parte seconda
IL MEDICO

Urbani e la Sars: la tragedia in diretta.................. Pag. 77

«Sul terreno»: le radici della vocazione .... » 84
Medico condotto..................................... » 84
Malattie tropicali: la scelta degli ultimi.............. » 86
«Noi medici, operatori umanitari»...................... » 89

Medici senza frontiere.................................. » 90
Le prime esperienze «sul terreno»...................... » 90
La campagna per l'accesso ai farmaci.................. » 92
«Noi, diplomatici col camice»......................... » 97
In Cambogia.. » 100
Il presidente di Msf Italia............................ » 106
L'Organizzazione mondiale della sanità................ » 109

I colleghi raccontano .... » 112
Nicoletta Dentico: «Morendo ha dato nuova vita»...... » 112
Antonella Giacobbe: «Un grande capo dalla vena comica»... » 116
Mauro Brecciaroli: «Mi disse: sono spacciato»......... » 118
Emilio Amadio: «Quello strano presentimento»........ » 121
Enzo Petrelli: «Un amico geniale e maldestro»........ » 124

Parte terza
IL CREDENTE

Le lettere a suor Anna Maria: lo scrigno dello spirito.... » 134

Lettera dall'Oriente.................................... » 161

Epilogo

L'eredità di Urbani .... » 165

Scheda su Medici senza frontiere .... » 173